心理励志文丛 ｜ 为心「疗伤」

博弈心理学
占据主动的策略思维

姜 雨／主编

团结出版社

图书在版编目（CIP）数据

博弈心理学：占据主动的策略思维 / 姜雨主编. —
北京：团结出版社，2019.1

ISBN 978-7-5126-6598-9

Ⅰ. ①博… Ⅱ. ①姜… Ⅲ. ①人际关系-社会心理学
-通俗读物 Ⅳ. ①C912. 11-49

中国版本图书馆 CIP 数据核字（2018）第 206833 号

出版：团结出版社
（北京市东城区东皇根南街 84 号　邮编：100006）

电话：(010)65228880　65244790(出版社)

(010)65238766　65113874　65133603(发行部)

(010)65133603(邮购)

网址：http：//www. tjpress. com

E-mall：65244790@ 163. com(出版社)

fx65133603@ 163. com(发行部邮购)

经销：全国新华书店

印刷：三河市金轩印务有限公司

开本：640 毫米×920 毫米　16 开

印张：15

印数：5000 册

字数：200 千字

版次：2019 年 1 月第 1 版

印次：2019 年 1 月第 1 次印刷

书号：978-7-5126-6598-9

定价：39. 80 元

前 言

Preface

那件衣服很合身，要不要购买？今天是周末，手机定的闹钟铃声响了，准时起床还是再睡一会儿？想减肥，面对美食，吃还是不吃？工作前景不明朗，辞职还是继续待在公司观望？去书店，究竟是买这本专业书籍还是那本专业书籍？影院里正在播放一部大片，是第一时间看还是过段时间看？兜里有了些积蓄，买新能源车还是燃油车？生意上，选择与 A 合作还是选择与 B 合作？朋友利用业余时间做微商获利，自己究竟做还是不做？

凡此种种都是生活中的一些小细节，同时又是我们无法回避的一个个事实。当我们做出选择时，无论是看不去的"一时冲动"还是深思熟虑，都在心里经过了一番博弈。

那么，什么是博弈呢？简单地说，博弈最初指的是下棋，后来引申为在一定的条件下，遵守一定的规则，用理性思维从允许选择的行为或策略中进行选择并加以实施，并取得相应结果或收益的过程。后来形成一套理论体系，即博弈论，博弈论的创始人叫约翰·纳什。

其实，任何一种博弈都有心理活动参与其中，自己与自己博弈也不例外。我们生活在一个复杂而时刻充满竞争的环境中，时刻受到外界或他人的影响。这种影响有时是正面的，可以提升我们的生命品质；有时是负面的，会降低我们的生活质量。

你是否牢牢把命运掌控在自己手中，酣畅淋漓地活出了自己的快意人生？还是一直处于被动状态，总被某些事物或某些人操控着？相信任何一位会独立思考的人都不愿被操控，都希望活出真实的自我。这就需要我们在工作、生活中，与周围的人或事物进行博弈，从而占据主动地位。直白地说，博弈心理学就是告诉你，如何在残酷的竞争中战胜对手，达到自己的目的。我们没有理由不去深入了解它。

本书从自我博弈、攻心为上、占据主动、反向博弈、和解之道等九个方面入手，以简洁、生动、实用的方式，详细讲述人在参与社会活动中的种种博弈技巧。另外，为了进一步方便读者掌握这门事关人生决策的技术，本书还专门总结了一些博弈心理学的基本知识，告诉你怎么样识破对方的心思，且如何不被人"影响"。

目 录

Contents

第一章　自我博弈：
战胜自我才能赢得精彩

第二章　攻心为上：
"落点"越正越有说服力

第三章　占据主动：
让对手自乱阵脚的心理策略

第四章 反向博弈：
在不知不觉中干扰对方的心理

第五章 和解之道：
化敌为友是高明的应战策略

第六章　人际博弈：

优质人脉是用心经营出来的

第七章　生存法则：

把控心理才能赢得主动

第八章　职场博弈：
在竞争中保全自己

第九章　谈判技巧：
寻求己方利益的最大化

第一章　自我博弈：
战胜自我才能赢得精彩

$$\text{⌇·····⌇}$$

　　我们经常会说："人贵有自知之明。"但事实上，真正能做到"自知"的人却寥寥无几。这是由于盲目和未知的存在，导致人们虽然每天都与自己相处，但是其实并不是十分了解自己，这便需要我们审视自己、剖析自己、分析自己，继而战胜自己，提升自己，做最好的自己。

当心被暗示成"不行"的人

心理学中有一个效应叫"暗示效应"。"暗示效应"是指在没有对抗的条件下，用含蓄、抽象的方式，诱导他人的心理，对其行为产生影响。被诱导的人，按照一定的方法活行动或接受某种观点或意见，使其思想、行为与暗示者期望的目标相符合。

有位心理学家为了证明暗示效应对人所产生的影响，他在课堂给学生做了一个有趣的演示。这位心理学家先让助手在每位学生面前摆一个空杯子，接着用水壶把白开水倒入每位学生面前的空杯子中。助手逐一完成后，心理学家对学生说："同学们，你们面前杯子里装的是白开水，请你们把它喝下去。"

同学们喝下去后，心理学家又让助手拿出一个水壶，再把水壶中的水倒入同学们面前的空杯子中，说："同学们，刚才倒入你们面前杯子中的水，是来自法国3000米高山上的矿泉水，请你们品尝一下，水是不是有一股甘甜味儿。"同学们喝后都同意心理学家的说法。

最后，这位心理学家对学生说："其实，你们刚刚喝的这两杯水都是白开水，并且是来自于同个锅煮开的水。"这就是暗示效应带给同学们的奇妙错觉。

暗示效应的产生是因为人的潜意识里有对事物的看法，当人们进行语言、行为上的暗示时，人们就会将潜意识的看法和他人的暗示联系起来，并形成反应。

如果你身边充满了苛刻、尖酸的人，他们习惯用负面的词语来评价你，每天都对你说"怎么这么简单的事情，你都办不好""你是笨蛋吗？怎么脑袋这么蠢""你怎么这么差劲呢"……过了一段时间后，你会发现自己渐渐被他人暗示成了一个"不行"的人。

为什么会有这样的情况出现呢？心理学家对此进行了深入地研究，结果发现意志力越差，越不自信的人，越会受到他人暗示的影响。换句话说，当一个人非常自信，意志力非常坚定，那么即使别人对他进行消极的、负面的暗示，他仍会笑着开玩笑回击你。

如果自己不幸被别人暗示成一个"不行"的人，那么该怎样与"不行"博弈，让自己"行"呢？方法很简单，就是肯定自我，认为自己一定"行"。

海伦是一个美丽大方的女孩，更重要的是工作能力强，也很努力，可尽管这样，她还是会遭到别人的指责和谩骂。

海伦的上司胡悦是个非常刻薄的女人，非常喜欢被人奉承，但海伦从不溜须拍马。胡悦对海伦的工作可谓"鸡蛋里挑骨头"，不但不给予鼓励，反而时常泼冷水。有一次，海伦主动为公司活动收集了一些业务外的资料，递交给胡悦，希望得到赞赏。可是胡悦不但没有赞赏她的主动工作，反而批评她不专心于本职工作。

海伦生活在胡悦的压迫和摧残下，心理极度压抑，好几次想辞职不干，可最终还是咬牙留了下来。后来，胡悦多次找茬责备海伦，海伦依旧忍了。海伦的情绪坏到了极点，但是她又不甘堕落，于是决定进行自我调节，找回属于自己的风采。

这天，公司组织员工文艺比赛，海伦也积极报名参加了。可是很快，她就被胡悦从报名册上删除了。直到彩排的时候，海伦才知道原来是胡悦干的。于是她去问胡悦，胡悦吼道："就你那水平，跑上去干什么啊，给我丢人现眼。"

海伦非常委屈，默默地离开了。后来，主办晚会的文艺部长知道了这件事，找到海伦，鼓励她以个人名义参加。就这样，海伦如愿以偿地登上了文艺表演的舞台。

比赛那天，海伦非常紧张，她表演的是古筝独奏。事实上对于她来说，这是信手拈来的，太容易、太简单了。但是在胡悦的长期压抑下，海伦非常不自信。眼看着就要轮到自己了，海伦的心扑通扑通直跳，脑子里一片混乱。她知道要是这样上去，肯定会出大丑，到时候不但会成为公司的笑料，还会遭到胡悦的讽刺和挖苦。

想到这里，海伦站了起来，深深地呼了一口气。尽管心里七上八下的，但是她仍有意识地告诉自己：我很棒，我是最优秀的，我一定能行。几分钟之后，海伦的心情渐渐地平静了下来。轮到她上场了，她镇定自若地走上台去，洋洋洒洒地弹奏了一首曲子。

结束后，台下爆发出雷鸣般的掌声。海伦激动地哭了，她太需要这样的鼓励了。

之后，海伦的生活充满了阳光和色彩。胡悦被调走了，公司来了一位新上司，对海伦的工作赞不绝口，还时常夸海伦心态好。听到这些，海伦笑得像一朵花似的。

故事中的海伦遭到女上司的百般挑剔，自尊心和自信心受到了极大的打击。但是她没有因此否定自己，反而通过演出证明了自己。跟大多数人一样，她面对太多的观众时非常紧张。但是为了证明自己，她用积极的心理暗示来鼓励自己、肯定自己，最终以精彩的演出得到了大家的认可和鼓励。

在生活中，不论自己现在处在多么艰难的困境中，都要多多鼓励自己，最大限度地给自己以肯定和支持，以帮助自己支撑起人生的信念风帆。因此，我们要学会进行自我调节，而且要多给自己一些肯定的鼓励和支持，以促使自己走向成功的彼岸。

在失败和失意的时候不要总是指望别人来安慰自己，而要学会进行自我调节，多给自己一些肯定和鼓励的心理暗示，从而在潜移默化下调整好自己的心态。

奇妙的启动效应在默默影响着你

在生活中，时常会出现这样有趣的现象，例如看到别人打哈欠，我们也会打哈欠；看到影片中有人喝水，我们也会无意识地端起一杯水喝；看到敌人的名字，我们就会捶胸顿足。有时我们

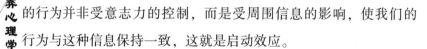

的行为并非受意志力的控制，而是受周围信息的影响，使我们的行为与这种信息保持一致，这就是启动效应。

启动效应是一种现象，是指一个人之前接受到的信息会对之后出现的行为造成影响，这种影响通常个人感受不到。启动效应是一种自动化加工过程，它不需要意志力和注意力的参与。知道启动效应的特点之后，可以得出一个结论：不是所有自我控制的过程都需要消耗意志力。

心理学家约翰·巴奇和他的同事做了一个实验，以纽约大学的一群学生为被试者，通过实验证明人的行为会受周围信息的影响而发生改变，而他们自己却毫无意识。

实验人员让被试者从包含五个单词的词组中，挑出四个组合成句子。其中一组被试者组合的句子中多半包含与老年人相关的词汇，例如"健忘的""秃顶的""灰白的""满脸皱纹的"等。当他们完成句子组合后，就被叫到位于大厅另一端的另一个实验室去参加下一个实验。在到另一个实验室的过程中，实验人员对他们的行为进行观察并记录，结果发现，用与老年人有关词汇组合句子的被试者，比用年轻人词汇组合句子的被试者走路要缓慢很多。

虽然这些词汇并未有一个提到老年人，但是看到这些词汇，人们就想到了年迈，继而影响了他们的行为，所以他们到另一个实验室的时候，走路速度放慢了不少。也就是说看到关于形容老年人的词汇，他们的行为也与老年人保持了一致。此外，这些被试者除了走路缓慢，从椅子上起身的动作还有喝水的动作都比平时放慢了很多。对于被试者来说，他们并没有注意到自己行为上的改变。

从上述的实验可以得知，一个人接收到的信息，会无意识地影响他之后的行为，使他更愿意将自己的行为与所接收的信息保持一致。接收到老年人的信息人，行为就倾向于老年人；接收到青年人的信息人，行为就倾向于青年人。因此要想利用启动效应来自我控制，也需对接收到的信息进行控制。如果你接收到积极的信息，就会让你的行为向积极一方改变；如果你接收到消极的信息，就会促使你的行为向消极一面发展。

周围的信息正在对你"清醒催眠"

"90后"的小李超级喜欢网购，不管是衣服、鞋、帽还是日化用品，通通都在网上买。10月份，原本小李就屯了一大批日化用品，换季衣服也都添置齐全，加上最近一段时间手头经济比较紧张，所以她打算未来3个月内不再网购，再买就"剁手"。

进入11月，网上铺天盖地都是关于"双十一"的广告宣传。论坛、新闻、网页弹出的广告……处处可见"双十一"的信息，再加上小李的同事、朋友们都是年轻人，大家讨论的话题也都是"双十一"。

"我已经选了好多东西放进购物车了，就等'双十一'打折呢！小李，你准备都买什么？"

"小李快来看，××的折扣好低啊，超级划算，估计以后都不会有这么低的价格了，你确定真的不买？过了这村就没这店了哦！"

"'双十一'顾名思义就是'光棍人士'的狂欢，既然没有对象，就得'买买买'，这才是过节呢！小李，你一个'光棍'不购物，岂不是真心好凄凉啊。没人心疼，咱就自己买东西心疼自己，反正一年也就这么一次。"

……

在各类广告以及周围朋友们的各种劝说下，小李最终还是没能忍住"买买买"的冲动，但"双十一"过完后，小李看着自己几千元的信用卡账单，还有买回来的一堆没多大用处的东西，又开始无比后悔。

其实，小李之所以会打破自己"未来3个月内不再网购"的计划，而加入"买买买"大军，有相当一部分原因就是被清醒催眠了。卖与买，这也是一个心理博弈的过程，小李因为被清醒催眠了，所以输掉了这场博弈，沦为了商家"宰杀"的"羔羊"。

我们日常生活中接触的各种广告是非常典型的清醒催眠刺激源，此外专家、明星、企业家、科学家等知名人士的观点言论，小圈子里意见领袖的话语，周围的社会舆论等也会形成"清醒催眠"。

识别"清醒催眠"，强化自己对"清醒催眠"的免疫力对博弈的胜负至关重要。如果你想在博弈中获胜，就必须要远离"清醒催眠"的影响，躲开这种看不见的影响力。那么，要想做到这些，具体来说我们应该怎样做呢？

1. 反思法

人是社会性动物，无法避免接触带有各种暗示的信息，所以要想避免被"清醒催眠"，我们就要遇事多思考，尤其要多反向思考。比如，当某专家发表了××观点时，应当想一想，专家说的就一定对吗？这种观点是否经过了实践的考验，是否有足够的论据和实验支持……如此一来，自然就不会因盲目迷信权威而导致博弈失败了。

2. 免疫法

每个人受周围信息影响的程度是不同的，有些人很容易被影响，而有些人则很难被影响。不论你属于哪类人，只要进行有针对性的训练，都能有效地提高自己对"清醒催眠源"的免疫力。免疫法的训练主要是强化独立思考能力，一个遇事有主见、有主意的人自然不会轻易被别人动摇想法。

随大溜的人难以坚持己见

一些人很容易被他人的言行影响。听到他人的观点，看到他人的行动，他们会不自觉地放弃自己的想法，跟随众人的行为。还有些人因为没有主意或想法，所以就按照别人的言行行事。这说明个人思想一旦受众人影响，自我控制的能力就会下降。

心理学家针对美国某大学心理系的学生做了一个试验，目的在于考察他们的言行是跟随众人行为还是坚持己见。心理系的老师首先向大家介绍了一个人，说他是德国著名的化学家，今天来到这里是想向大家介绍一下他新合成的某种化学物质。这位化学专家拿出一个小瓶子，向大家介绍说，里面的物质是一种无色的化合物，打开盖后，会在整个教室散发出一种恶臭的味道。他请大家闻一闻，闻到的就请举手。这时他开始掐表计算时间。十五秒钟的时候，前边几排大部分同学举手示意他们闻到了臭味；到了一分钟的时候，课堂上75%的学生都举起了手。后来他们才知道，原来这位化学家只是一位德语老师，而瓶子里的化学物质只是普通的蒸馏水，什么气味都没有。

学生们之所以都相信这个化学物质是恶臭的，主要受两方面影响：第一就是"权威专家"的诱惑。当他们知道站在台上的人是化学界权威人士，就相信他说的任何话都是真实可信的。第二点就是从众心理，本来没有闻到任何气味，但是有的同学看到前边几排同学举手，可能会疑惑自己的鼻子是不是失灵，他们更愿意追随大多数人的意见，于是不管闻到还是没有闻到气味，依旧选择相信别人。

在生活中，这种从众心理屡见不鲜。例如，2011年日本发生地震，核电站泄漏的时候，人们听说核能污染了海水，以后晒出来的盐对人体有危害，所以在一些城市出现了"抢盐狂潮"。其他地方的人听说有些城市开始抢盐，也失去了理智，他们在大街小巷到处找盐，接着越来越多的人加入"抢盐"的队伍。

有的人在外边吃饭，看到一条街上的一家饭店门前排了很多人，他就想，这家店的饭菜做得一定是最好的，于是不惜花费一两小时排在后边等。再过一会儿，还有人经过，本来他们定好到哪儿吃饭，一看这个饭店人最多，就放弃了当初的选择，也跟在后边排队，这个队伍越来越长，受诱惑的人也越来越多。等人们进去吃完，可能会发现，这个排队人数最多的饭店味道只是一般而已，还不如自己当初选择的小店好吃。

这都是群从众心理为人带来的影响。

在众人的影响下，人性的弱点就会显现，随大溜的人难以坚持己见，因为他们觉得大多数人的选择是正确的，所以要与大众保持一致，不能显得太另类。大多数人会接受别人的观点或行为，而不去思考自己行事的真实目的。他们在大众和行为和想法的诱惑之下，很难控制住自己。

社会心理学家所罗门·阿希做了一系列有关从众心理的实验。实验室中有七个人一排的座位，真正的被试者坐在第六个座位处，周围六个被试者都是实验助手，也就是"托儿"。实验开始了，被试者要求按座位顺序依次回答问题。实验人员先让被试者看两张纸，一张纸上是一条标准线段，另一张纸上有三条长短各异的线段。而被试者需要回答的问题，就是看三条线中的哪一条与第一张纸上的标准线段一样长。如果要是真正的被试者单独一人，相信他能做出正确的选择，因为这种题目对于一个正常智商的人来说简直太简单。但是不幸的是，他被放在第六位来回答这个问题，这就容易对他造成困扰。

如果前边五个人都选择正确答案，真正的被试者也会选择正确答案。如果第一个人选的是个错误答案，真正的被试者可能会嘲笑他的愚蠢。第二人也选择错误答案，他可能会认为这是巧合。如果第二个、第四个也选择错误答案，他可能开始怀疑自己的眼睛。轮到第五个人时，第五个人也选择了错误答案，他的自控力底线彻底崩溃了。不管他最初的选择是什么，此时此刻，他显然已经无法相信自己，他只好选择别人都选的错误答案。

实验结果表明，一个人单独回答问题时，正确率可达99%；当别人选择错误时，有75%的人都会选择错误答案。也就是说，群体人数越多，个人越难坚持己见。

从众心理是一种比较普遍的社会心理现象，当人们受到来自群体行为或意见的压力，就会放弃自己的想法去追随大多数人，也就是我们经常说的"随大溜儿"。别人都这么做，我也这么做；别人都这么说，我也这么说。就像自己不能控制自己一样。

心理学家将导致从众行为发生的原因归纳为两大类，即个体在群体中受到的信息上的压力和规范上的压力：

1. 信息压力

人们普遍认为，多数人的正确几率比较高，于是在不知道怎么选择的情况下，人们往往更容易相信多数人，所以导致从众。

2. 规范压力

生活中大部分的人都是不愿意标新立异的，与众不同会让人担心被他人孤立，而当他与别人保持一致时，则会产生一种"没有错"的"安全感"。

那么，如何在自我博弈中避免从众呢？

仔细观察不难发现，那些真正有思想、有头脑的人，他们每个人都有清晰的思维，都能够独立思考与判断，并且有自己的人生目标，他们从不轻易随波逐流，不会因为要维持表面的和谐而一味地随意附和他人。在意见遇到分歧时，他们总是会相信自己的判断，敢于坚持自己的观点。无论身处于什么样的群体中，面临什么样模棱两可的选择，他们绝不盲从。他们相信自己的观点，从不缺乏特立独行的勇气，坚持做一只充满个性魅力的"领头羊"。如果我们能做到这些，也会被他人发自内心地欣赏和敬佩。

别让欲望吞噬你的理智

生活在一个欲望横流的时代，形形色色的诱惑无处不在，稍不留神，理智便会被欲望所吞噬！这时，我们的欲望也就成了他人利用的工具。

"诱惑如陷阱，会把人毁灭"，在这纷乱的人世间，每个人都会面对各种诱惑，种种诱惑充斥着人们的生活。人们之所以难以抵挡诱惑，是因为根植于心的欲望之火。

"无欲则刚"是说一个人如果没有什么欲望的话，他就什么都不怕，什么都不必怕了。然而，没有一点欲望的人是不存在的，而且，正常的欲望可以让我们更加奋进。不过，一旦一个人因欲望而失去理智，他就很容易成为被别人操纵的"棋子"。

大多数女人都确信，购物是最容易让她们找到快乐的事情。只要到商场购物，满足了自己的欲望，那些心烦意乱的事情很快就会被自己抛到脑后。

苏珊也是这样认为的，她能想到的让自己快乐的事情就是去商场购物。在去购物的路上，她感到非常快乐，但是她从来不知道自己在购物的过程中会有怎样多样的感受。她带着喜悦的心情开车上路，想到自己将会收获很多好看的东西时，内心无限向往。到了商场开始逛街的时候，她的心情还是非常愉悦的；但是当她走进商场，这种愉悦的感觉随之发生变化。看到商场人比较多，有点拥挤的时候，她居然会紧张，她不想仔细欣赏，而是紧迫地往前走着，走马观花似的逛街，好像有人催促她一样。特别是当她挑选好东西，排队结账的时候，那长长的队伍足以让她疯狂。她的耐心开始不足，接着她就会焦虑，然后就会非常愤怒。等轮到她结账的时候，她一点高兴的心情都没有了，感觉自己是来受罪的。她赶快把钱递给收银员，拿上自己的东西之后，才深深呼了一口气。在来到商场之前，她是快乐的，内心的能量驱使她去探寻自己的目标；但是遭遇拥挤、排队种种不适后，她感到购物也是有压力的，在回去的路上，尽管她买到了东西，但早已不那么愉悦了。

人们对于购物的欲望是强烈的，因为它能满足自己的虚荣心，让自己体验到消费的快感，但是为了获得快感而去购物，往往会把消费当作一种压力。有些东西对我们来说很有吸引力，我们就会不断追求，而让自我控制的能力降低。那些不会给我们带来快乐的东西，我们越做下去，感到的痛苦就会越大，但是大脑不会释放阻止自己行动的信号，而我们也只好一直对这个目标追求下去。这是因为我们已经把满足欲望当作获得幸福的方式。

如果意识不到欲望，我们就会一步步走进他人设计的樊笼。一旦我们被对方抓住了欲望的软肋，就会被诱惑，很难自拔。

很多人本来已经摘得胜利的果实，可是最终还是一败涂地，原因就在于，面对他人所设下的美丽陷阱缺乏足够的警惕。欲望吞噬了理智，人也就变成了欲望的傀儡。正所谓，"欲望大奢者，失望亦多。"对欲望满足的过分要求，其结果是使自己成了欲念的奴隶。

所以，在与欲望博弈时，一定要用自己的理智去战胜内心的欲望，而不是让欲望之火毁掉理智的灯塔。《玉堂丛语》中记载着这样一件事：

明代有一个叫曹鼐的人，他年轻的时候曾经担任山东泰和县典史，大概相当于现在的警察。一次，他捉住一个盗贼，对方是个年轻貌美且妩媚风流的女贼。那晚，他押解着女盗贼赶路，但因找不到客栈，只好夜宿破庙之中。

女盗贼行走江湖，有些伎俩，所以三番两次"以色相诱之"。曹鼐亦心有所动，甚至"将把持不住"。但是理智却告诉他，"兹事体大"。为了战胜自己，他写下"曹鼐不可"贴在墙上。其中几次，也因为自己的欲望而被撕去，但最终还是理智占了上风，他又重新将它贴上墙。这样反复十多次，终于天亮。他用理智战胜了他人的诱惑和自己的欲望，虽有几分痛苦，但换来的却是一尘不染、堂堂正正的品行。后来曹鼐考中进士，官做到吏部左侍郎，史书上说他是有作为、讲德操的好官。

人有七情六欲，有环境、性格、家人、社会等因素造成的各种各样的个人欲望，也正是因为有欲望，才会去为之奋斗，才会进步，但这不等于欲望可以无度。欲望是一个人的软肋，一旦被他人利用，就会成为现实的反面教材。世界上没有免费的午餐，要想不被欲望牵着鼻子走，就要时刻对诱惑保持警惕。所以，要学会拒绝，远离诱惑，把握自己的欲望，避免因头脑发热而做出后悔之事。只有这样，我们才能在自己的世界里战胜自己的欲望，并和它和平相处。

不被权威所左右

"人微言轻，人贵言重"，这句话包含了一个非常普遍的心理学效应，那就是"权威效应"。权威效应是指，如果一个人地位高，名声大，他说的话就更容易受到人们的重视，人们更愿意相信其正确性。

"权威效应"之所以存在，是由人们的"安全心理"造成的，人们觉得权威人士在他所在的专业领域里比普通人懂得多，研究更深入，所以愿意相信他们。但是，这个心理惯性有时候会成为思考和做事的阻碍，限制我们的思维。

虽然说，崇拜权威的心理优势可以帮助我们更好地学习成功者的智慧和经验，扩大自身的视野。但如果过于崇拜权威，而从不去怀疑他们，总是按照他们提出的"真理"做事，那样只会阻塞我们的思维通道，影响自身创造力的发展，久而久之，这种盲目崇拜权威的心理会将我们塑造成一个僵化的、盲目的、平庸的"傀儡"，试问一个"傀儡"又怎么会取得傲人的成就呢？

爱因斯坦曾经说过："从少年时代起，我就对所有的权威说法持有怀疑态度，对社会上的任何信息都抱有怀疑态度，这种态度一直陪伴着我，直到现在。"有些时候，真理并不完全存在于世俗的老旧观念里，也不存在于这些"权威说法"中。我们要敢于打破世俗的框架，学会向权威质疑、向权威挑战。

其实对于每个人来说，想要在某一个方面取得进步和成绩，都必须经过这样一个循序渐进的过程，即发现问题、提出问题、思考问题、解决问题。一个人想要提高自己、达到自己的人生目标，就必须丰富自己的创造性思维。如果我们对于现有的一切都感到理所当然，那么就只能在原地踏步，永远都无法拥有独特的思想。所以要发现问题、提出问题，进而思考问题和解决问题。

世界上有很多伟大的科学家，他们就非常善于发现问题、提出问题、思考问题和解决问题。在任何人的眼中，他们的成就都是伟大的，他们的魅力也都是独一无二的。意大利著名的物理学家伽利略就是一个非常典型的例子。

在伽利略之前，人们对于物体自由落地的认识是基于亚里士多德的理论。亚里士多德认为，不同质量的物体下落的速度也不同。物体的下落速度和其质量成正比，质量越大的物体，下落的速度也越快。

这个理论成为人们心目中的"权威理论"，尽管用一个简单的实验就能够证明，人们也完全没有想到要去验证一下，亚里士多德的这一理论一直持续了1700多年。

伽利略看到这个理论的时候，认为这和自己的生活经验不一致，他大胆地对亚里士多德的学说提出了质疑。但是，很多人都在批评他，认为他不该质疑伟大的亚里士多德。伽利略难以一一说服那些反对者，他决定用实验告诉大家结果。

一天，比萨斜塔下，不断有人们聚集过来，大家都等待着见证伽利略的实验，事实上，多数人都在等着看伽利略的笑话。物体自由下落的速度与物体的质量无关，这怎么可能呢？伟大的亚里士多德已经对这个现象下过结论了，为什么这个年轻人就是不相信呢？人们议论纷纷，一些亚里士多德的拥护者满脸怒容，认为伽利略亵渎了权威。不过结论马上就要出来了，再等几分钟，究竟谁是正确的就会有定论。

在比萨斜塔内部，伽利略正在做最后的准备，他把一磅重的铁球和十磅重的铁球一起拿在手里，吩咐助手为他清理出一片空地，然后缓缓向塔顶走去。作为当事人，伽利略反而更加平静，他对自己很有信心，类似的实验他已经做了无数次了。

只见，伽利略在塔顶上微笑着看了一下下方的人群，他并不言语，但是举手投足信心满满。向助手示意之后，伽利略将两个质量相差十倍的铁球同时放开。结果不言而喻，伽利略在短短几秒钟打消了人们的怀疑，也击碎了人们心中的"权威论断"。

如果伽利略也和其他人一样，认为古代的大贤者的说法是毋庸置疑的，而不去发现这其中的问题，不去思考这其中的问题，他能够取得如此大的成就吗？他能对后世产生如此大的影响吗？当然不能！

可以说，科学上的很多重大发明和发现，都需要对当时已有的"权威"提出自己的疑问。只有这样，这些科学家、发明家们才能够激励自己进行探索。如果说，他们总是墨守成规，不去思考那些看起来不合理的事情其中有哪些问题，那么他们如何取得突破和进步呢？理所当然的，也就没有了这些新思想、新事物的产生，整个世界也就无法再前进了。

有人说，盲目服从要比主动犯规更不可取。这句话说得十分正确。一个人如果只会盲目地循规蹈矩，那他就永远都无法摆脱别人的阴影，也永远都无法拥有创造性思维。现实生活中，人们总是对所谓的"专家建议""专家判断""专家方法"等一系列的"权威"深信不疑。甚至有些人会将这些专家语录作为真理而全盘接收。其实，即便是某个领域的专家，他们对事情的判断也难免会出现偏差。盲目地崇拜"权威"有时只会引导我们走向错误的道路，这对自身的发展和创造力的发挥都是非常不利的。

想要开放自己的个性思维和创造性思维，想要与众不同，就不能鹦鹉学舌，不能一味地盲从所谓的"权威"。我们要有独立思考的能力和积极进取的精神，学会用自己的眼光去发现问题。并且要敢于质疑权威、挑战权威，大胆地提出自己的见解和主张。然后凭借着自信心和自强的心理，想尽一切办法，克服困难，突破阻碍，直到取得成功。

人在冲动时会失控

在生活中，我们经常听说这样的事情：

某个人想不开，以跳楼结束了自己的生命。事后警察介入调查，向他的亲朋好友取证。朋友们都说他平时心态很好，心胸宽广，与人相处也很融洽，没有跟任何人结怨，不知道为什么会跳楼。

还有的人平时性格特别随和，从不跟人发生口角，但是却以杀人罪被警察送进监狱。当记者采访他时问他为何要杀人，他说自己从未想过杀人，就是一时被小事冲昏了头脑。

为什么平时性情随和的人也会出现失控的情况，原因就是一时冲动。人在冲动的时候，将所有注意力都集中在导致冲动的某一件事情上。当个人情感控制了理性的时候，意志力就不起作用。个人没有精力去考虑其他事情，所以在冲动的驱使下，滋生出有违常理的想法或是做出有违常理的行为。

我们有时会一股脑花了一大笔钱，吃了太多本不该吃的东西，发了太大的脾气，我们就会怀疑是不是自己的大脑有问题，为什么不能抵制冲动。其实，我们可以靠意志力抵御冲动，但很多人往往做不到。因为我们的生活处于变化之中，随时都可能碰到令人崩溃的事情。

神经学家认为，人的大脑有两个自我：一个是任意妄为的自我，一个是克服冲动的自我。人的想法在两者之间漂浮不定，当两个自我发生分歧的时候，总有一个自我会被另一个自我击败。如果抑制冲动的自我战胜了肆意妄为的自我，人就可以克服冲动；如果肆意妄为的自我打败了克服冲动的自我，人就会产生冲动情绪。

俗话说："冲动是魔鬼。"人在冲动的时候，大脑容易短路。在这种情况下，人对当时发生的事情，很难做出又快速又正确的反应。如果只为一时缓解情感压抑，没有控制好自己，最后可能会为自己带来非常严重的负面影响。

冲动靠激情推动，是一种强烈的情绪色彩。冲动行为常表现为感情用事、鲁莽行事，既不会对行为的目的做清醒的思考，也不会对实施行为的可能性做实事求是的分析，更不会对行为的消极和不良后果做理性的评估。它是缺少意识能动调节作用的，是一厢情愿、忘乎所以的，结果往往令人后悔莫及或遗憾终身。

2006 年世界杯 1/8 决赛中，意大利队靠临近终场前的点球，以 1：0 的成绩战胜了澳大利亚队，成功进入八强。在比赛的最后时刻，意大利队的右后卫格罗索在禁区内赢得点球机会，就这一刻，央视体育频道著名解说员黄健翔也被激情控制了头脑，他在失去理智的情况下，一股脑说了三分钟颇受争议的解说词，例如"格罗索立功了，格罗索立功了，不要给澳大利亚人任何机会！""格罗索一个人他代表了意大利足球悠久的历史和传统，在这一刻他不是一个人在战斗，他不是一个人！""澳大利亚队也许会后悔的，希丁克，他在下半场多打一人的情况下他打得太保守、太沉稳了，他失去了自己的勇气……他们该回家了，他们不用回遥远的澳大利亚，他们大多数都在欧洲生活，再见！"黄健翔最终为他一时的冲动和放纵行为负责。紧随其后的是央视对他下一场比赛解说权的取消以及对广大观众的公开道歉。

对于黄健翔来说，作为一名忠实的球迷，他有权利和自由去支持他喜欢的球队；但是作为一名著名体育解说员，因一时冲动在公开场合随意表达自己的喜好实在是太不应该。

在现实生活中，处于某种气氛，某种情景下，冲动情绪会冲破人的理性防线，使人的思维、情绪、行为都出现反常情况。特别是当人受到伤害的时候，更可能因为冲动做出非理性的行为，伤人害己。

高岩是某校高三二班的学生，还有一个月的时间，他们就要参加高考，这时大家都在聚精会神地学习。高岩起身从一位同学身边经过，因为脑子想着刚才的一道数学题，不小心把趴在桌上写作业的王伟的胳膊碰了一下。王伟的思路被打断很不高兴，抬头就跟高岩说："走路看着点儿。"高岩就随便说了句："怕碰就别把胳膊放这儿。"谁想到这一句话就导致了一场血案，王伟忽地一下站起来，挥拳猛地朝高岩脸上砸去。高岩立刻血流满脸，眼睛受到严重创伤，之后立即被送到医院。冲动让一个 18 岁的花季少男成了伤害别人的凶手，也让另一个花季少男躺在了医院中，最终两人都没有参加当年的高考。

可见冲动确实是最具破坏性的情绪，它为人带来的负面影响不浅。那么，我们在与冲动博弈时，应该采取哪些措施来控制呢？

首先，遇到刺激情绪的事情，强迫自己保持冷静，迅速想一想事情的前因后果。如果你被别人讥讽或者嘲笑，先不要急着跟别人争执。分析一下这件事情是怎么引发的，如果只是一件小事，就提醒自己不要鲁莽行事，先用沉默或适当的语言表达出自己的不满和受到的伤害。对方看到你的表现，意识到自己的问题，就会停止对你的"侵犯"。如果你不管不顾就草率行事，最后很可能弄得两败俱伤。

其次，察觉到自己激动情绪时，可以用暗示或转移注意力的方法抑制冲动。人的冲动情绪维持的时间很短，可能只有几分钟或几秒钟，过去之后就会有所改变。所以在这几分钟或几秒钟之内，尽量让自己去关注一些其他不刺激情绪的事物，等自己慢慢冷静下来，头脑更加清醒，就不会做出违背常理的事情。在转移注意力的时候，可以告诫自己"不要因为冲动而引起不必要的麻烦""冲动做事都是不理智的"等等，想到冲动的后果，就会强行让自己转移注意力。

再次，遇到让自己冲动的事情置之不理或是鲁莽行事，都不是最好的方法。应该找出问题的关键所在，然后找出有效的解决

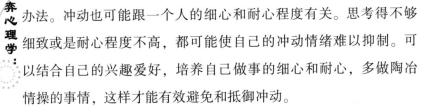

办法。冲动也可能跟一个人的细心和耐心程度有关。思考得不够细致或是耐心程度不高，都可能使自己的冲动情绪难以抑制。可以结合自己的兴趣爱好，培养自己做事的细心和耐心，多做陶冶情操的事情，这样才能有效避免和抵御冲动。

将自己的优势发挥到极致

我们每个都有自己的优点，同时也有自己的短板。所不同的是，有的人并没有发现自己的优点，而有的人却将自己的优点发挥到了极致。

莫里哀和伏尔泰都曾从事过律师这一职业，但二人均发现自己不适合做律师，于是便及时调整自己的职业方向，后来莫里哀成为伟大的文学家，伏尔泰成为杰出的资产阶级启蒙家。

作家斯贝克在他的人生刚开始时，并没有意识到自己在文学创作上有天赋，为了寻找适合自己发展的职业，曾经改行好几次。斯贝克身高近两米，基于身高的条件，最初时他选择打篮球，成为当地篮球队的一名队员。由于球技一般，加之年龄渐渐增长，他发现自己不适合继续打篮球了，便改行当画家。他的绘画技巧并没有过人之处，当他给报刊绘一些插画的过程中，偶尔写一些短文，没想到这些短文受到编辑的赏识，自此他发现自己在写作方面的才能，继而走上了文学创作的这条道路。

达尔文不喜欢数学、医学，一旦触摸到植物，便能引发他的极大兴趣，最终写出《物种起源》，成为进化论的奠基人。如果达尔文不从事植物研究，继续活在数学或医学领域里，就不会有伟大的成就。对于达尔文而言，数学、医学就是他的劣势，而植物学才是他的优势，能让他在植物王国最大限度地将自己的智慧发挥出来。

美国科普作家阿西莫夫有一天突然发现："我不能成为一流的科学家，但我可以成为一流的科普作家。"于是，他把科研工作放下，将全部精力投入到科普创作上，最后终于成为当代世界最著名的科普作家。

伦琴学的是工程科学，在老师的影响下，做了一些物理实验，逐渐对此产生了极大的兴趣，后来终于成了一个有成就的物理学家。

德国作曲家亨德尔在尚未学会说话时就开始学习演奏乐器，10岁时就创作了6首乐曲。亨德尔的父亲是宫廷理发师，他希望儿子成为律师，看到儿子如此爱好音乐，十分担忧，并采取了严厉的措施，禁止儿子演奏乐器，甚至因为小学有音乐课而不让儿子上小学。可亨德尔根本就不理会父亲的苦心，白天不行，他就在夜深人静时起来练琴，为了不被父亲发觉，只好不出声地练。终于，他成为了与巴赫齐名的音乐巨匠。

可见，每个人都有自己的优势，也有不足之处，这是非常正常的事情。很多人总希望能够改变自己的劣势，为了能弥补自己的短处，花费了大量的时间、精力和金钱，结果不能让自己满意。

更有甚者，在弥补自身缺点的过程中，自己本来已经有的那些优势也都变得荡然无存了。

一位心理学家曾经说过，判断一个人成功与否，主要是看他是否能够将自己的优势发挥到极致。一般来说，当一个人将自己的优势发挥至极点时，就会自动地忽略自己的劣势，从而达到取长补短的目的。

第二章 攻心为上：
"落点"越正越有说服力

在社交过程中，了解了对方的动机和想法，能够做出相应的反应，你才能说服对方，占据优势。完美的说服是以思维方式为引导、以声音为载体、以行动为辅助的。在说服对方的过程中，你的语言是否能够恰好击中对方心里的那根弦，就决定了你与对方的交流是否有效。能表达出最准确的意思，并以恰当的方法影响对方的想法，你就成功了一大半！

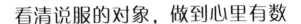

看清说服的对象，做到心里有数

所谓"说服"，是指人们利用自己的口才，很好地向对方说理，使对方接受自己的观念，并改变自己态度、行为的一种深具影响力的沟通行为。说服的最终目的是要将我们与对方的需要、愿望相结合，所以，我们首先要做的就是要了解对方的心理需要、动机以及忧患，这样才能更好地说服对方。

有一位歌星特别爱摆架子，有一次要参加一个大型义演的现场节目，时间是晚上九点。可是到了七点，这位歌星忽然打电话给唱片公司的经理，说她身体不舒服，喉咙很痛，要临时取消当天的演出。

这位经理听完歌星的话，并没有生气，而是用惋惜的口吻说："咳！真可惜，这次义演只有大牌歌星才会有机会亮相，如果你现在取消倒没什么，反正公司里还有很多小牌明星挤破头要参加。可是如果换了人，电视台一定会不满，以后类似的活动可能你就不会受到邀请了。娱乐圈有那么多后起之秀，别人想取代你也不是不可能，唉，你还是好好休息吧。"那歌星听后小声地说："其实我病得也不是特别厉害！要不你让助理八点来接我，我想那时我的身体应该会好一点儿吧。"

其实经理很了解这位歌星，她根本就没什么病，只是喜欢摆摆架子，因此，他找准了对方拒绝的真实原因，进而有针对性地进行说服，结果他成功地说服了这名歌星。

如果我们要想说服他人，首先就必须透彻地了解对方的心理活动，只有对对方的思想、感觉、看法了解得越清楚，说服力就越强。对此，我们可以从以下几个方面入手。

1. 了解对方的性格

不同性格的人对同一事物的接受程度是不一样的。如果对方是急躁的性格，我们可以用激将法来说服对方；如果对方是稳重的性格，我们可以向对方剖析利害关系；如果对方有些自负，那么适当的赞美也可以达到说服的目的。可以说，掌握了对方的性格，就可以按照对方的性格特征，有针对性地进行说服。

2. 了解对方的长处

一个人关心、了解的往往是自己最擅长的领域，如有的人喜欢养花养鸟，享受生活；有的人喜欢诗词歌赋，陶冶情操；有的人擅长在商场上"拼杀"，享受工作的乐趣等。那么，我们在说服不同的人时，就要从对方的长处入手，这样既能与对方产生共鸣，得到对方认同，也更容易说服对方。

3. 了解对方的真实想法

有时候，当我们说服别人的工作陷入瓶颈时，即无论怎样动之以情、晓之以理，对方就是不为所动，这时我们就要认真地思考一下。如果一个人一直坚持某种想法而不改变主意，那么一定是有更深层次的原因。因此，我们要设法了解对方当时的情绪和是否受其他原因影响，找到影响对方的真实原因，真正了解对方的想法，就能有针对性地加以解决。

唤醒他人的恐惧，达到说服的目的

一些鼓励戒烟的广告会通过展示吸烟带来的危害——如吸烟可能导致肺癌、口腔疾病，怀孕妇女吸烟会影响胎儿的健康等，来告诫人们不要吸烟。这些展示通常会起到一定的效果，因为这些危害唤起了人们对吸烟的恐惧。心理学家研究表明，在说服他人时，唤起他人的恐惧可以成功达到说服的目的。

心理学家班克斯和萨洛维让那些没有做过乳腺 X 光检查的40~46岁妇女观看一个关于乳腺 X 光检查的录像。在那些接收到"积极信息"（强调做乳腺 X 光检查能够帮助及早发现疾病以挽救生命）的人中，只有一半的人在 12 个月内去做了乳腺 X 光检查。但是在那些接收到"恐怖信息"（强调不去做乳腺 X 光检查可能会付出生命代价）的人中，有2/3的人在 12 个月内去做了乳腺 X 光检查。

同样的沟通目的，却因表达方式不同而产生了不同的说服效果。更重要的是，负面信息更有效。负面信息让人感到恐惧，如果了解对方内心所恐惧的东西，进而唤起对方的恐惧，那么说服或许会变得容易些。

现在我们以《触龙说赵太后》为例，来解读如何利用恐惧来说服他人。

赵太后刚刚执政，秦国就加紧了对赵国的攻势。于是，赵国向齐国求救。但是，齐国要求赵国把长安君送来作人质，他们才肯出兵。长安君是赵太后唯一的儿子，赵太后自然不肯答应。大臣们极力劝说，赵太后非常恼怒地斥退了劝说的大臣。

此时赵太后处于一种非常情绪化的状态下，若再有人上前劝说，赵太后势必会十分反感，不肯听取他的意见，而触龙也深知这一点。对此，触龙的做法是：

1. 消除对方心理防线，获取机会

左师触龙去见赵太后，赵太后在大殿上气冲冲地等着他。触龙进门后慢慢地小步走到赵太后跟前，向赵太后谢罪："我的脚有毛病，不能快步走。好久都没见您了，我怕您玉体欠安，所以来看看您。"

赵太后："我的身体也不行了，得靠车子才能行动。"

触龙："您每天的饮食应该没有减少吧?"

赵太后："不过是吃点稀饭罢了。"

触龙："我前一段时间也很不想吃东西，后来每天散一会儿步，走上三四里路，就稍微增加了一点食欲，身体也比以前舒畅

多了。"

赵太后："我没法像你那样啊。"

这时候，赵太后的怒气比刚才稍微消减了一些。

触龙没有直接指明来意，而是从生活起居等小事入手，逐渐消除了赵太后的怒气，为进一步的说服做铺垫。

2. 引起共鸣

触龙："老臣有一个年龄最小的儿子舒祺，很不成器，但是我已经衰老了，私下很疼爱他，希望他能充当一名卫兵，来保卫王宫。为这事，我特意冒死来向您请求。"

赵太后："好吧。他多大了？"

触龙："十五岁了。虽然年龄小点，但是，我还是希望在我没死之前把他托付给您。"

赵太后："你们男人也那么疼爱小儿子吗？"

触龙："比女人还厉害呢！"

触龙用自己对小儿子的疼爱，唤起了赵太后的共鸣，也为下一步的说服埋下伏笔。

3. 转入主题

赵太后："我们女人都对小儿子格外疼爱。"

触龙："我私下认为您对燕后的疼爱超过了长安君。"

赵太后："你说错了，我对燕后的疼爱远远赶不上对长安君啊！"

触龙："父母疼爱自己的孩子，就必须为他们的长远利益考虑。您当初把燕后嫁出去的时候，拉着她的脚哭，不想让她走，想着她嫁那么远，您十分难过。当时的情景真是又伤心又感人啊！燕后走了之后，尽管您很想念她，但还是在祭祀时祈求她不要回来。您这样做难道不是为她的长远利益考虑，希望她有子孙能相继成为燕王吗？"

赵太后："嗯，确实是这样。"

说到疼爱子女的问题上时，触龙话锋一转，故意说赵太后爱燕后超过了爱长安君，用激将法逼赵太后说出了溺爱长安君的实情。

4. 暗示铺垫

触龙："从现在的赵王往上推三代，直到赵氏从大夫封为国君为止，历代赵国国君的子孙受封为侯的人，他们的后嗣中还有继承封爵的吗？"

赵太后："没有。"

触龙："不只是赵国，其他诸侯国有这种情况吗？"

赵太后："这我还没听说过。"

触龙："这大概就是，祸患来得早的就落到自己头上；祸患来得晚的就会累及子孙。难道这些国君的子孙就一定都不好吗？不是的。只因为他们享受尊贵的地位和优厚的俸禄却对国家毫无贡献，并且他们又拥有很多奇珍异宝，危险的降临就在所难免了。"

在这一部分，触龙以赵国和各诸侯国的子孙为例，暗示赵太后对长安君的溺爱对他并没有什么好处。

5. 唤起恐惧

触龙："现在长安君的地位也很尊贵，您还把很多肥沃的土地封给他，赐给他很多宝物，可是如果不趁这个机会让他为国家做点贡献，有朝一日您不在了，让长安君凭什么在赵国立身呢？我觉得您为长安君考虑得太短浅了，所以认为您对他的爱不及对燕后啊！"

赵太后："好了，你愿意把他派到哪儿就派到哪儿吧。"

于是，长安君到齐国作人质，齐国派兵援救赵。

最后，触龙把长安君现在所处的境况分析了一下，说明他现在的处境有可能会给他带来杀身之祸。这样，就成功唤起了赵太后的恐惧，从而说服了赵太后。

在说服他人的过程中，如果能成功唤起对方的恐惧心理，那么，说服的目的就很容易达到。所以，在说服他人之前，不妨对对方多进行一些了解，他恐惧什么，就唤醒什么，这样可以极大提高信息的说服力。但需要注意的是，恐惧力量要适度，并且仅仅是为了说服的目的，而不是不正当的目的。

善于打比方，你的话更能让人信服

会说话的人一定善于打比方，用最少的语言说出最深刻的道理，用简单的事物描述最复杂的事物，用最委婉动人的方式说服对方。

中国的法学家王宠惠有一次在伦敦参加外交界的宴会。席间有位英国贵妇人问王宠惠："听说贵国的男女都是凭媒妁之言，双方没经过恋爱就结成夫妻，那多不合适啊！而我们，都是经过长期的恋爱，彼此有深刻的了解后才结婚，这样多么美满！"

王宠惠笑着回答："这好比两壶水，我们的一壶是冷水，放在炉子上逐渐热起来，到后来沸腾了，所以中国夫妻间的感情，起初很冷淡，而后慢慢就好起来，因此很少有离婚事件。而你们就像一壶沸腾的水，结婚后就逐渐冷却下来，听说英国的离婚案件比较多，莫非就是这个原因吗？"

王宠惠巧妙地用打比方的方法驳回了英国贵妇人的挑衅。在说话的技巧中，打比方是一种非常常见的方法。它往往是用人们比较熟悉、具体的事物来描述、解释人们不熟悉、较为抽象的问题，使复杂的问题变得简单，使枯燥乏味的问题变得生动有趣，减少理解的障碍，增加说服力。就像王宠惠把婚姻比作一壶水，把东西方对待婚姻问题的差异分别比作一壶冷水慢慢加热和一壶热水慢慢冷却，非常形象具体，让人很容易就看出其中的差异、优劣，不需要再说什么大道理，就让对方心服口服，无言以对。

所以，当你想表达某一事物或道理时，运用联想或想象，用另一个更容易理解的事物或道理来说明，往往能把道理说得更具体、更贴切、更生动、更富有感染力，从而使对方听得更清楚明白，留下深刻的印象。

有一次，庄子穷到了揭不开锅的地步，走投无路之下，庄子只好硬着头皮去监理河道的官吏家借粮。

监河侯看见庄子上门求助，于是很爽快地答应借粮。他说："可以，等我收到租税后，就立刻借给你300两银子。"

庄子听完后很生气，他愤然对监河侯说："我在来的路上，听到求救声。但是环顾四周却不见人影，仔细观察，原来是一条鲫鱼躺在干涸的车辙里。"

庄子叹了口气继续说："鲫鱼见到我，以为见到了救星，立即向我求助。它说它来自东海，不幸掉进了车辙里，无力自拔，眼看就要干渴而死，于是请求我给它点水，救救它。"

听到这里，监河侯问庄子是否救了鲫鱼。庄子叹息说："我答应救它，但是我说，要等我到南方去，说服吴王和越王，请他们把西江的水引到车辙里，然后把它接回东海去。"

监河侯对庄子的做法很不解，甚至觉得很荒唐："那怎么行呢？"

庄子说："是啊，鲫鱼听完我的话，很生气地说：'我现在离开了水，没有地方可以安身，需要几桶水解决目前的困境，而你却说要引西江的水来这里，全是空话，你还没到达南方，我已经成了鱼干了。'"

监河侯这才明白庄子是在说自己，于是连忙道歉，并且立即为庄子装了一袋粮食。

庄子巧用鲫鱼自比，把自己的愤怒的心情通过鲫鱼的口表达出来，并轻松地改变了监河侯的态度，从而达到了说服监河侯借给自己粮食的目的。如此精彩的比方，帮庄子解决了燃眉之急。试想一下，如果庄子在听到监河侯的话后，愤怒地指责他，或者干脆胡言乱语，随便骂他一通，庄子会借到粮食吗？

一个简单的打比方就能把复杂的道理和感情表述得生动具体，也更加具有说服力。很多时候，话说得好不好，关键就在于你如何让自己说出的话更精妙。只有让对方顺利理解你说的话，才能真正打动对方，说服对方。否则，再多的道理和表述都是无用的。

那么，怎样才能在谈话中巧妙地运用打比方，让自己的话听起来"言之有理"呢？

首先，打比方的两个对象必须是完全不同但又有非常相似之处的两种事物。比如说，你在表达爱意的时候，说"我爱你，就像张三爱李四"远不如"我爱你，就像老鼠爱大米"。这是因为，属性相同的事物很难激发对方的想象，也没有意义。而没有相似之处的事物则根本不具有可比性。

另外，用来打比方的对象一定要生动具体，而且要与对方的生活非常贴近，使对方很容易理解和接受。如果你和一个从来没有见过沙漠的人说"我的前程像沙漠一样荒凉，看不到任何希望"，虽然是一个很好的比喻，但是因为对方并不知道沙漠是什么样的情况，因而对他也就没有任何说服力。

将心比心，站在对方的立场上

有的人可以不辞千里跋涉，只为了与知心的朋友共聚一堂，做一次彻夜长谈。但是，很不幸的是有很多人却认为自己没有可以交心的朋友，没有诉苦的对象。而这孤独，往往是没有由来的。一般人所需要的是可以了解他、理解他、喜欢他、安慰他的人，但有些人只以自己为中心，全然不替别人考虑，不能将心比心，站在对方的立场上思考问题。

有一次，一个出租车女司机把一男青年送到指定地点后，对方掏出尖刀逼她把钱都交出来，她害怕地交给歹徒 300 元钱说："今天就挣这么点儿，要嫌少就把零钱也给你吧。"说完又拿出 20 元找零用的钱。见这个女司机这么爽快，歹徒有些发愣。女司机趁机说："你家在哪儿住？我送你回家吧。这么晚了，家人该等着急了。"

这个歹徒见司机是个女子又不反抗，便把刀收了起来，让女司机把他送到火车站去。女司机见气氛缓和，就不失时机地启发歹徒："我家里原来也非常困难，我又没啥技术，后来就跟人家学开车，干起这一行了。虽然挣钱不算多，可日子过得也不错。何况自食其力，穷点儿谁还能笑话我不成！"

见歹徒沉默不语，她继续说："唉，男子汉四肢健全，干点儿啥都差不了，走上这条路一辈子就毁了。"火车站到了，见歹徒要下车，这女司机又说："我的钱就算帮助你的，用它干点儿正事，以后别再干这种见不得人的事了。"

一直不说话的歹徒听罢突然哭了，把320元钱往她的手里一塞说："大姐，我以后饿死也不干这事了。"说完，低着头走了。

女司机在整个过程中始终不考虑自己的危险，而是一直站在歹徒的立场上为歹徒考虑，最终打动了歹徒，达到了"说服对方"的目的。

如果你在交际时话语中的意思都是为别人考虑，别人又怎能不感动？又怎能不被你打动呢？

任何人都可以培养起了解他人的能力，只要他能自如地掌握有关技巧。最重要的一点，是使对方和自己同时发展这一力量，即能看透对方内心的力量。比如说，当对方遵照你的意见做事而觉得疲惫不堪，因此和你发牢骚、抱怨的时候，如果你能够洞悉人心，便能立即察觉，给出真诚的关心。

当人们的精神上感觉疲倦时，只有两个原因，一是他在做不想做的事；二是他不能做想做的事情。如果你了解这一点，你便能帮助这些精神上疲倦的人从精神的桎梏中解脱出来。

某地区的人们每当遭遇困难时，经常以电话向当地的一位心理医生诉说，并请他发表建议。他说："每当电话一响，我就尽快拿起话筒。我这样做是有心理学的依据的。因为大部分的人如果有问题要问我，都会有点害怕，害怕打扰我，破坏我日常生活的宁静，所以他们在拨电话号码时心里已经感到不安了。倘若此时我接电话的时间长一点，他们会更不安，如我立刻拿起电话，往往就在这一刹那间，便能消除他们的不安。也许打电话的人并没有很明显地意识到这一点。但是当电话立刻接通后，我相信他们一定会比较安心的。"

像这类小事情，这位心理医生将心比心，使他受到了众人的喜爱和尊敬。你不妨注意一下，尤其当你与地位高的人接触时，或对别人有所请求时，你便能体会到这位心理医生所说的话。当对方情绪不佳或正在发脾气时，利用将心比心的方法最为有效。因为对方正经历着某种痛苦状态，因此他会迫切需要能够缓和这种压力。无论有意识还是无意识，世界上所有的人都希望能够被别人理解。

选择在对方心情好的时候说服对方

在说服他人的时候，可能我们说得口干舌燥，甚至歇斯底里也达不到想得到的结果，这并不一定是我们的语言缺乏说服力，还有一个因素是有没有掌握沟通的时机，即对方的心情好的时候。

因为一个人心情的好坏会直接影响他的行为。这就是心理学上的好心情效应。

心理学家设计了一个实验，以证明心情的好坏对人的行为的影响。实验分两种情况进行：一种情况是实验者在人们使用公用电话之前在电话亭中放入10美分硬币，另一种情况是没有在电话亭里放钱。当在电话亭里打电话的人打完电话从电话亭里出来的时候，实验者抱着一堆书籍之类的东西从他们跟前走过，而且故意让书掉到地上。实验者观察在这两种情况下，帮助他捡起掉在地上的书本的人数是否会有差别。

结果显示：在第一种情况下，也就是在电话亭里捡到10美分硬币的人当中，有90%以上的人都帮实验者捡起了书；在第二种情况下，即没有在电话亭里捡到10美分硬币的人当中，只有5%的人帮忙捡起了掉在地上的书本。

可见，被试者在捡到钱（心情愉悦）的情况下更愿意帮助他人。对于说服对方的情况来说同样适用，人们在心情好的时候，更容易接受他人的说服性观点。

心理学家贾尼斯和他的同事在一项研究中让一些被试者阅读一些说服性信息，其中一些被试者在阅读的时候可以享受花生和可乐（可以让其心情好），而另一些被试者则是单纯的阅读。结果前一组被试会更容易地被这些说服性信息所说服。

心理学家加利佐和亨德里克发现，当肯特州立大学的学生听

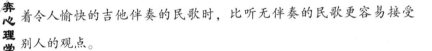

着令人愉快的吉他伴奏的民歌时，比听无伴奏的民歌更容易接受别人的观点。

　　好心情之下之所以容易接受别人的观点，一方面是它有利于个体进行积极地思考，另一方面是因为它与说服信息相互关联。当人们有好心情的时候，他们会觉得这个世界的所有东西都是美好的，他们会更快做出决定，而且做决定时也更冲动，更多地依赖外周线索；相反，心情不好的人在做决定之前会更多地反复考虑，所以他们很难被无力的论据动摇。所以说，有时候情感比理智更重要——当你在说服一个人的时候，如果你的论据不够有力的话，你最好先设法使对方有一个好心情，然后他们才有可能不假思索地接纳你的观点。

　　即使是面对最棘手、最敏感的问题，当选择对方心情好的时候与他沟通，通常也很容易与对方建立一个积极和谐的交流情境，获得对方的理解。因此，我们与人沟通、说服对方，要学会利用好心情效应，找到与对方沟通的最佳时机，以达到出奇制胜的沟通效果。

迂回说服，最终达到我们想要的目的

　　在说服他人的过程中，有时有些话不能直接说，即便说了也不一定能够达到目的，极有可能会引起对方的反感。这个时候，最适于使用迂回说服的方法。

战国时期，墨子听说了公输般给想攻打宋国的楚国制造了攻城用的云梯的消息，就急忙从鲁国动身，日夜兼程，风尘仆仆地赶到了郢都。他打算通过劝说公输般来停止这场战争。尽管公输般不高兴，墨子还是巧妙地设喻来劝说，并从道义上说服了公输般。可是公输般因为已答应了楚王，所以无法停止攻宋。

于是，墨子就去拜见楚王说："有这样一个人，放着自己彩饰的漂亮车子不坐，看见邻居家有辆破车就想去偷；放着自己绣花绸缎的衣裳不穿，看见邻居家有件粗布短袄就想去偷；放着自己的白米、肥肉不吃，看见邻居有点糟糠就想去偷。大王您看这个人是怎么回事呀？"楚王笑着说："他一定是害了偷窃病了。"墨子说："楚国有方圆五千里的土地，宋国只有五百里方圆，这就好像彩饰的漂亮车子同破车相比；楚国有云梦这样的好地方，里面有数不尽的珍奇，长江、汉水里的鱼、鳖、鼋多得天下无比，而宋国却穷得连野鸡、兔子、鲫鱼都没有，这就好像白米肥肉同糟糠相比；楚国有高大名贵的木材，宋国却没有什么大树，这就如同绣花绸缎的衣裳和粗布短袄一样。所以我认为大王要攻打宋国，正如这个患偷窃病的人一样。"楚王听后从道理上接受了。但一转念，公输般已经造好了云梯，还是想要攻打宋国。

墨子也看出来了，他们在道理上明白了自己的不对，但又不肯罢休，于是墨子打算用自己的技能同公输般进行一番较量。

墨子解下带子，围起来当一座城，用木片当器械。公输般接连九次用了不同的攻城方法，墨子九次挡住了他。公输般攻城的器械都用光了，墨子守城的器物还有余。在这种情况下，公输般想出一个不可告人的坏主意，企图杀死墨子，以为这样就不会有人抵御他了。其实墨子早已料到这点，到楚国来的同时就已让学生禽滑厘等三百人，拿着防守器械在宋国的城上做好了楚国入侵的准备。楚王在这种情况下，只好放弃了攻打宋国的打算。

墨子用恰切的比喻，巧妙而尖锐地指责了楚王攻宋的可耻、可笑，并以自己的实力压倒对方，迫使楚王放弃了攻宋的打算。墨子以迂回的说服方法制止了这场战争，达到了阻止楚国攻打宋国的目的，实现了他"非攻"的主张。

美国一家公司想与印度军方谈一笔军火生意，但是经过数次谈判都没有成功。美方于是派出了公司的"金牌推销员"，亲自到印度洽谈这笔生意。

推销员到了印度之后，首先给印度军方的一位长官打电话，对于对方冷漠的态度，推销员毫不在意，只是说："我对将军十分仰慕，所以将专程到新德里拜访阁下。只要将军能给我一分钟的时间，我就心满意足了。"将军心想一分钟倒也无所谓，于是便勉强同意了他的请求。

双方一见面，将军便给对方来了个下马威："我很忙，没有时间听你推销。"

推销员似乎并不在意将军的冷若冰霜，而是非常诚恳地说："其实，我今天来是专程来感谢将军的。"

"感谢我？"将军有些愣住了。

"是的，若不是将军的强硬拒绝，公司也不会派我来到印度，而我也就不会有这样一个幸运的机会，让我时隔30多年后，又回到我的出生地。"

"出生地？这么说你是在印度出生的？"将军的好奇心被吊起来了。

"是的，"推销员微笑着说，"42年前，我出生在印度的新德里，那时我父亲是美国钢铁公司驻印度的代表。可以说我的童年是在大象的背上度过的，而印度便是我的第二故乡。"

听着推销员满含深情的回忆，将军的脸上也渐渐露出了微笑。捕捉到这一表情，推销员又不失时机地从口袋里拿出一张照片，递给将军："您看到这照片上的老人了吗？"

"这不是我们印度的圣雄甘地吗？"将军叫了起来。他好奇地问："和他在一起的这个孩子是谁？"

"那就是我啊！"推销员自豪地回答，"那时我才4岁。这张照片一直是我们家最珍贵的礼物。这次我来印度，还要代表全家拜谒圣雄甘地的陵墓。"

"您和您的家人对于圣雄甘地和印度人民的友好感情令我感动。"将军主动伸出手来，紧紧握住了推销员的手。"请允许我有这个荣幸邀您共进晚餐，表示对您和您家人的感谢！"

结果毋庸置疑，当晚餐结束时，将军便在合同上爽快地签下了自己的名字。

这个推销员真不愧为"金牌推销员"，他那高超的说服技巧令人叹为观止。他成功地说服了印度的将军，完成了自己的使命。而他之所以成功的最大诀窍就在于他并没有卖弄他那三寸不烂之舌，妄图说服对方，而是迂回曲折，巧妙地激发了对方的兴趣，从而"诱导"对方一步步走进了他的"圈套"。而这，正是他最令人叹服的高明之处。

反复刺激对方的"信服点"

水温升到99℃时，还不是开水，其价值有限；若再添一把火，在99℃的基础上再升高1℃，水就会沸腾，可以用来饮用、煮面等。这最后的1℃是水沸腾的关键因素，1℃能使水发生质的变化，从液体变化为气体。在心理学中，人们把关键因素所引起的本质变化现象，称之为沸腾效应。

我们可以把说服对方的过程比作一锅水的烧开过程，而那让水沸腾的关键1℃就是对方的"信服点"。只有通过不断添火加柴，为水加热，即反复刺激对方的"信服点"，才能产生沸腾效应，成功说服对方。

有一对夫妻去看房子，由于妻子很喜欢室内游泳池，先生在去之前告诫太太说："你不要让业务员知道你喜欢什么，不然我们不容易杀价。"但看房的时候，妻子不经意间就流露出了对游泳池的特殊喜爱，这点被细心的业务员看在了眼里。看了几套房子后，先生都不太满意，当看到有室内游泳池的房子时，太太假装不满意地说："啊，这房子漏水。"业务员假装没有听到，对太太说：

"太太，你看看后面有这么漂亮的游泳池。"先生又说："这个房子好像那里要整修。"业务员只顾着跟太太说："太太，你看看，从这个角度可以看到后面的游泳池。"

业务员不断地说这个游泳池的事，最后太太说："对！对！对！游泳池！买这个房子最重要的就是这个游泳池！"于是，夫妻二人很快就买下了这套房子。

妻子喜欢游泳池，这就是她的"信服点"，业务员所利用的正是这一点。通过对对方"信服点"的反复刺激，说服对方就会变得容易起来。

有时候会碰上天生的顽固派，他们很难被任何事情打动，也习惯于拒绝那些想要说服自己的人。对于这样的人，强迫他接受自己的观点是不可能的，这时，我们可以先从他认可的地方着手，先让他说"是"，然后再慢慢将对方引入我们的话题，让对方在"是"的基础上同意。这也是刺激对方"信服点"的一个方法。

阿立森是一位电器公司的推销员，在他负责的区域里有一个固执的李姓工程师，该电器公司很想卖东西给他。但是，阿立森的上一任推销员找他谈了10年却一点结果也没有。当阿立森接手这个区域时，一连去找了他3年，都拿不到订单。最后，在13年的拜访和谈话之时，这个人买了几台发动机。然而，阿立森深信，如果那些发动机不出毛病的话，他会填下一张几百台发动机的订单，他对自己公司的产品很有信心。

三个星期之后，当阿立森再次兴致勃勃地去拜访这位工程师

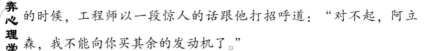

的时候，工程师以一段惊人的话跟他打招呼道："对不起，阿立森，我不能向你买其余的发动机了。"

"为什么？"阿立森惊讶地问。

"因为你的发动机太热了，我的手不能放上去。"工程师说道。

阿立森知道与他争辩不会有什么好处，于是这样说道："嗯，听我说，李先生，我百分之百地同意你。如果那些发动机太热了，你就不应该买。发动机热度不应该超过全国电器制造商公会所立下的标准，不是吗？"

工程师同意地说："是的。"

"电器制造商公会的规定是：工作中的发动机可以比室内温度高出22℃，对不对呢？"阿立森又问道。

"是的，"工程师同意，"的确是的，但你的发动机热多了。"

阿立森没有跟他争辩，只是问："厂房有多热呢？"

"嗯，大约24℃。"工程师说。

阿立森回答道："那么，如果厂房是24℃，加上22℃，总共就等于46℃。如果你把手放在46℃的热水塞门下面，是不是很烫手呢？"

工程师不得不说："是的。"

"那么，不把手放在发动机上面，不是一个好办法吗？"阿立森提议说。

"嗯，我想你说得对。"工程师承认说。

他们继续聊了一会儿，接着工程师叫他的秘书过来，为下个月开了一张价值100万元的订单。

有人说，"你要是证明给我看，我就信"。这个证明，便是对方的"信服点"。所以，抓住对方所相信的东西，说服便自然而然实现。

让对方变被动接受为主动反思

说服别人，其实并不是件容易的事，你至情至理地帮他分析，他只是表面附和，并没有就你所提出的意见或建议作更深一层的剖析，所以他只是被动地接受。如果你换一种说法，从例子中引出让他反思的点，这样劝说的效果可能更好。对此，我们在说服他人的过程中，有以下几点值得我们借鉴：

1. 理在情中

感情是人与人之间联系的纽带，故而它在人际关系中的作用至关重要。同样，在说服别人时，更要"晓之以理，动之以情"。有时对方并非对道理本身不接受，而是与讲道理的人感情上合不来。这时讲道理的人就要善于联络感情，注意反省自己有无令对方反感的地方，及时克服和纠正。尤其当对方产生抵触心理时，更要以诚相待，在理解、尊重、关心的基础上，再进行说服。

一家旅行社的工作人员阿美在陪同游客游览时，游客中有几位照相迷，每到一处，照起相来没完没了。阿美不好对游客硬性规定时间，便说："朋友们，中国幅员广阔，名胜颇多，佳景处处，美丽无比，再好的相机，再多的胶卷，也不会使您满意的。我认为最好的照相机就是您自己的一双勤快的眼睛；自己的头脑里有用不完的胶卷。只有它们，才能从这儿带走真正完美的记忆。"

这番话是阿美针对一些游客"让我们多拍几张照片"而谈的。她的暗示入情入理，语言优美，巧妙地催促了游客，并且能达到让游客理解的目的。

2. 以事喻理

单纯地讲道理，未免显得有些空洞，但以事喻理就使说服的内容具有真实性、可信性。用事实充实大道理，还可以避免说大话、空话，使理论与实际有效地结合起来。

例如，父亲对刚在官场中站稳脚跟的儿子说："古人云'常在河边走，哪有不湿鞋'。你初涉宦海可能还意识不到这一点，但时间长了，就会有人来托你办事，给你送礼，那时，你千万要把握好分寸，不能成了个像和珅那样贪赃枉法的昏官啊！"

3. 举例反诘

卡耐基说，要想说服别人，最好的方法就是举出例证。它远比抽象的论证更有说服力。特别对于那些完全肯定或完全否定的命题，或者类似主观的臆断、论断，只要举出一个相反的、个别的例子，这些命题、论题就不攻自破了。

有一次，拿破仑对他的秘书说："布里昂，你知道吗，你也将永垂不朽了。"

布里昂不解拿破仑的意思，拿破仑解释说："你不是我的秘书吗?"

布里昂笑了笑说："请问，亚历山大的秘书是谁?"

拿破仑答不上来，他赞扬道："问得好!"

看来布里昂并不寄希望于依靠名人扬名，但仍不忘作为秘书对主帅的尊重，所以采用表面请教的方式表达反诘的内容："请问，亚历山大的秘书是谁?"这是直接反驳论点，证明了大前提的虚假。大前提不真实，那结论就不攻自破了。

4. 以小见大

芸芸众生，每个人的思想都不尽相同。即使是同一种思想，每个人认识事物的角度、领悟事物真谛的层次也千差万别。所以，在说服别人时讲道理也应有层次。少了层次，一下子跨越几个台阶，会让人感到道理离得很远，接受不了。我们应擅长于小事情中讲蕴含着的大道理，于近边事情中讲可望及的远道理，于浅显事情中挖掘可触摸的深道理。

妻子对衣衫不整的丈夫说："有句话说得很有道理：'一屋不扫，何以扫天下?'你连自己的穿戴都不能顾及，又怎能去解决各种事情?你工作忙，时间紧，我也能理解，但出门之前把衣物整理好又花不了你多少时间。而且，你这样出门，别人会以小见大，认为你生活没有条理，便会想到你的工作会不会也是这样?"

5. 点到为止

美妙的语言是大道理磁石般的外壳，它能吸引听众去深入理解其内涵。以符合对方的"口味"为出发点，把道理讲得绘声绘色、情趣盎然。

啰唆的话往往令人反感，但有些人恐怕对方听不懂，翻来覆去地讲同一个道理，结果适得其反。所以，我们应因人而异，针对实际把握要讲的内容，该讲的一定要"点到"，同时又要注意留下充分思考的时间，让对方去领悟、消化。

6. 借助外力

我们非常在乎别人对我们的感受，所以通过第三者佯装无意间转述你对他人的某种意见，往往可以收到意想不到的劝说效果。

丈夫经常泡在麻将桌上，妻子多次劝说都无济于事。一次，妻子在一个同事家诉苦说："我那位什么都好，就是玩心太大，整天垒长城（麻将），真拿他没辙。"后来此话传入该丈夫的耳朵里，他的行为大为收敛。

应用这种劝说方法应该注意的是，在对人作出肯定性评价的同时提出某种希望，这样对方才会认为你的话是客观的，否则只数落缺点而不提及长处，反而有在背后搬长弄短之嫌。

7. 先赞美后"将一军"

说服别人要讲究技巧，面对棘手的问题时更应如此。我们不妨先给予对方某方面的肯定，以降低对方的心理防线，然后再进行说服，提出自己的诉求。

　　我国援建 B 国一大型运动场遇到了停电的困扰，难以按期完工。工程队负责外事的张吉女士便找到该国电力委员会经理，谁知对方百般推诿。

　　碰钉子后张吉决定智取，她先设宴款待这位经理，不断以外交辞令夸赞他"颇有才干"，感谢他对我方工作的支持与合作。正当对方喜不自禁时，她话锋一转，以调侃的语调说："经理先生，您是这个项目的总负责人。我们如果不能按期完工，虽然经济上受损失，可是对您的影响恐怕更大了。贵国运动会不能如期召开，那么，您头上的乌纱帽没准也会被拿掉呢！"此言在软硬夹攻中点明了要害，立即引起对方的重视。

　　经理只得笑道："不会误期的，不会。"后来，工地上很快就恢复了供电。张吉打动对方的，正是用先赞美后将对方一军的套路，从而显示出话语的分量来，对方能不予以重视么？

第三章　占据主动：
让对手自乱阵脚的心理策略

　　在竞争日益激烈的社会环境下，人们被微妙的竞争关系压得喘不过气来。我们在面对竞争对手时总会不知所措，更有甚者，因一时的求胜心理，反而使自己方寸大乱。要想取得胜利，就要学会运用各种方法，使对方自乱阵脚，使自己最终站在胜利的巅峰。

适时"发威"，让对手乱了方寸

适时地显示自己的"威力"，表达出自己非常棒的一面，这是一种积极的心理暗示，会让自己更加有信心，表现得也更加出色；同时，会给对方压力，让对方产生畏惧心理，自乱阵脚。

大学毕业后，小王来到一家外贸公司工作。在公司，他算不上最好的，却是最努力的。所以工作干得非常出色，也得到了领导的表扬和同事的认可，且连续几年获得了"最佳员工"的光荣称号。

这次公司内部人事调动，原来负责欧美市场的副经理引咎辞职了。公司董事会决定在员工中提拔。小王作为业务尖子，是优先考虑的对象。

在员工竞聘大会上，谁都以为这个岗位非小王莫属，可是就在关键时刻，一个二十出头的年轻人走上了台。他叫何剑，是公司去年刚刚招聘进来的业务员。何剑外语能力很强，过了专业八级，平日里业务做得非常棒，几乎跟小王不相上下。说实话，公司上下也只有他能跟小王一决雌雄。

在公司设置的各项比赛中，小王和何剑表现得都非常出色。

在最后一道题目中，董事会决定一定要分出输赢，于是设置了一个非常特别的项目：公司请来了公司内部的海外总监——美国人鲍威尔，让小王和何剑分别与鲍威尔面谈一桩三十万美元的生意。

这种面对面的谈判，有一定的难度，小王和何剑谁也没有必胜的把握。在比赛前，小王和何剑都在积极地做着准备。小王明白，何剑的外语口语绝对比他优秀，但是刚来公司一年多，很多业务还不是很熟悉，要想取胜只能从专业上做文章。

抽签的结果，小王先与鲍威尔谈判。上场后，小王积极地向专业化靠拢。在和鲍威尔的谈话中，尽管彼此交流得不是太好，但是他业务能力非常出色。尤其是专业领域的谈判，进行得非常顺利。谈判结束后，鲍威尔竖起了大拇指。

这时，何剑渐渐坐不住了。虽然他的口语好，但是专业领域的业务接触得很少，小王所说的很多专业名词他根本就不会。等到他去谈判的时候，本来信心十足的他却显得非常狼狈。在与鲍威尔的交谈中，不但专业领域的东西不会，就连他平常拿手的口语交流也说得结结巴巴。还没等谈判结束，就被鲍威尔赶走了。

在事例中我们可以看出，面对竞争对手，小王适时地显示出自己的"威力"，让对手何剑自乱阵脚，从而轻松地赢得了最终的竞聘。在面对对手进攻的时候，应适时地向对方展示自己的"威力"，以让对手产生畏惧心理，最终扰乱其阵脚，达到胜利的目的。

竞争要想获胜，无非是自己足够强大，或者是对手足够弱小。在条件相差无几的对手之间，说白了就是心理的较量。适时地显示自己的"威力"，让自己变得更加自信、发挥得更加出色，从而震慑对手，让对手心生畏惧，产生消极的心理暗示，最终达到不战自败的结果。

当我们面对强大的对手时，到底该如何通过心理博弈让自己适时地"发威"呢？

1. 将自己的优势发挥到极致

这一点我们前面也曾说过。任何人都有优势，也都有劣势。因此，在面对竞争对手的时候，要将自己的优势发挥出来，以掩盖自己的劣势。既然是优势，那么自然就有自己独到的东西。在关键时候，要将自己的优势发挥出来，而且发挥到极致。就像故事中的小王一样，把自己在专业领域的优势发挥出来，而且发挥到极致。这样一来，不但弥补了外语交流上的劣势，还给对手造成了一定的心理压力。

2. 向对手的弱项"进攻"

要想让对手产生畏惧，那么就要找到对手的软肋，然后"攻击"。这样，即使你表现得不是很优秀，只要比对手表现得好，就会给对手一定的压力，从而产生畏惧心理。所以在竞争前，一定要对对手有个清晰的了解。不但要了解对手的弱项，还要了解对手的强项，以免反被对手所制。

巧设"语言陷阱"，一举揭开对方的"伪装"

但凡参加过求职面试的人都有这样的体会，面试官往往会为面试者设置"语言陷阱"，来考察面试者的应变能力以及综合素质。比如说面试官提问："你认为金钱、名誉和事业哪个重要？"这是一种诱导式的"语言陷阱"，对方的提问似乎是一道单项选择题，但是如果你真的按照单项选择题选了，就会掉进"陷阱"里。

仔细想一下，这三者有哪个是不重要的吗？可是对方的提问却在误导你，让你认为这三者是相互矛盾的，只能选其一。

这是"语言陷阱"应用的一个典型例子，在语言上"设圈套"，让别人按照自己的思路走下去，最终让别人掉进自己的"语言陷阱"里。

两千多年前，战国时期的思想家韩非子就提出"倒言反事以常所疑，则奸情得"，意思就是说，用"假话"打探对方的可疑之处，能探听出隐藏的恶行。当然，推广到今天，其用途不仅仅在探听恶行上，从更广义的范围来说，可以用来打探一切对方不想让你知道而你又很想知道的信息。再说的直白一点，就是为对方设置"语言陷阱"，用"假"的信息打探出你想要的"真实信息"，揭开对方的"伪装"。

其实在现实生活中，"语言陷阱"的运用是很普遍的，它可以用以辨别他人语言中的真假，帮我们获取自己需要的信息。

　　一天晚上，丈夫很晚了才回到家里，对妻子说自己在公司加班。对此，妻子表示怀疑，认为丈夫很有可能和朋友去泡吧了，但是妻子觉得如果直接问丈夫是不是去和朋友"逍遥"了，很可能会被丈夫搪塞过去，得不到真实的答案，这样的问题也就变得没有意义了。

　　所以，聪明的妻子会在自己的语言当中设下"陷阱"，等着丈夫掉进去。这时，妻子说："哦，我刚才看电视，说你们单位那附近发生交通事故了，车子都走不动，好多人围在那里，交警赶过去解决了，你是不是也在那里堵了好久？"接下来只要静观其变就可以了。

　　妻子在语言中构建的那个场景就是为丈夫设置的"语言陷阱"，如果丈夫说了谎，那么几乎可以一试便知真伪。他不知道是否该承认自己看到了这场"交通事故"，或者说他会想一下这件事情的真实度。如果这是妻子编出来的，那么他的贸然承认就等于宣告了自己的谎言，而如果他说没看到，但实际上确有此事，只是自己没有注意到，那妻子就很容易知道自己没加班。

　　最重要的是，说了谎的他不管怎么回答，都会停下来思考一下，回答迟缓就是判断丈夫说谎的关键。因为如果丈夫真的在加班，那么他一定会马上做出回答的。

　　事例中妻子为丈夫设置的"语言陷阱"，经过了自己严密的逻辑推演，很轻易地就能试出丈夫是否对自己说谎了。

　　揭露谎言，是当事人双方的一场心理博弈。被设置"陷阱"

的一方，能否在有限的信息里找到对自己有用的信息，辨别语言中"陷阱"的存在，是双方"博弈"成败的关键。

用"问题攻势"扰乱对方心理

"问题攻势"就是不断地向对方提出问题，并要求对方进行回答的一种沟通方式。让对方纠结于你的问题中，让对方的逻辑思维出现混乱，从而出现语言错乱。这样一来，对方的说话节奏和逻辑就会被打乱，"攻击"也就失去了杀伤力，甚至陷入你的问题里不能自拔。

因此，"问题攻势"是应对对方语言"进攻"的好办法，同时也是"攻击"对方的好计谋。只要应用得当，再厉害的对手也会被你"冲击"得"七零八落"、方寸大乱，从而被你"钻空子"，赢得最终胜利。

在学校组织的辩论赛中，王栋得了第一名。他的辩论看起来非常精彩，但最精彩的莫过于那连续发出的十一个问题，竟然把对方问得哑口无言。也正是因为这场辩论，王栋在学校里出了名，被同学们戏称为"十一问君子"。

辩论的主题是"大学生要不要谈恋爱"，王栋是正方，反方是曾经得过全国辩论大赛三等奖的余喜娜。能将在全国得过奖的辩手逼到"绝路"上，可见王栋的口才确实非同寻常。

辩论一开始，王栋陈述了自己的观点：大学生应该谈恋爱。随后举出了很多例子，列出了很多数据来证明。可是一不留神，被对方抓住了语言上的错误。这一下，王栋好不尴尬。但是他反应快，迅速作出了补救，将对方的第一轮进攻化解了。

在对方提出的观点上，王栋也伺机抓住了对方语言逻辑上的错误，并进行了反击。当然，对方也巧妙地化解了。王栋厉害，对方也不弱。

就这样几个回合下来，双方胜负未见分晓。反方辩手余喜娜突然之间抓住了王栋的一句误言，发动了对王栋的猛烈进攻。女孩子超强的逻辑思维，再加上伶牙俐齿，使王栋一时间似乎只有招架之功，没有还手之力。好在王栋知识储备丰富，记忆力超强。在短短的几分钟，就把场上的局势迅速地扭转了过来。

接下来，王栋开始"发威"了。他抓住对方语言逻辑上的失误，一连问出了许多问题：

"大学生的恋爱与道德究竟有什么关系？"

"难道普通人谈恋爱就是合理的，大学生谈恋爱就不行了吗？"

"难道大学生不是正常人吗？"

……

王栋问得极其刁钻，对方不管怎么回答，逻辑上都与自己的观点相左。对此，余喜娜哑口无言，全场爆发出了热烈的掌声。

在这场辩论中，王栋采用一系列问题对余喜娜进行了"问题攻势"，把对方逼得无路可退。对方的思路被扰乱，逻辑被搞混，顷刻间乱了方寸、乱了阵脚，最终只好哑口无言，乖乖地""缴械投降"了。

因此，在生活中，我们在面对别人的步步紧逼时，不妨发出一连串的问题，让对方的思路在这些问题中相互缠绕，最终首尾不能相顾。逻辑思维混乱，语言自然条理不清。这样即使我们不再"攻击"，对方也会"败下阵来"。然而，我们在用"问题攻势"进行心理博弈的时候，要注意哪些方面的问题呢？

1. 问题不妨刁钻一些

在和对手进行"言语斗争"时，可以用问题把矛盾的焦点指向对方。因此，要想让对手自乱阵脚，那么就要在言语上给对方增加一定的压力，让对方回答起来小心翼翼而又吃力不讨好。所以在发问的时候，不妨刁钻一些。问题问得越刁钻，对方回答起来越难，就越容易出现方寸大乱的局面。

2. 采用问题组合

单个问题，对方有足够的时间来考虑，因此攻击力度不大。在发问的时候，不妨多问几个问题。最好采用组合问题的方式，这样对方来不及考虑，就会心理紧张。只要一紧张，思维就会混乱，就会词不达意。这时再加把劲，对方除了乖乖投降外，别无他法。

3. 语气要犀利一些

向对方进行问题攻势的时候，言语一定要犀利一些，说话的口气要有"攻击性"。这样才能给对方心理造成一定的压力。如果言语过于平淡，口气过于缓和，对方心理就不会出现紊乱和紧张，也不会感觉到压力。这样"问题攻势"也就失去了作用。

制造"恐惧"，让对方答应你的请求

当你需要让对方答应你的请求，但是有很大难度的时候，千万不要就此认定事情是不可行的。其实只要制造出一些心理上的"恐惧"和紧张感，对方就可能会心甘情愿地答应你的请求。

之所以这么说，是有心理学依据的。恐惧是理智的杀手，一旦恐惧占了上风，人们就很难清醒而理智地进行思考，更无法做出理智的判断了。在医院等候妻儿从产房出来的新任爸爸们大概都有类似的经历，那就是当医生要求在协议上面签字的时候，那一瞬间的恐惧和担忧，会导致大脑一片空白，根本没有办法思考，最后几乎是别人说什么就是什么。

一位教授在伦敦的一所教堂祈祷后，发现自己的伞被人拿走了。这把伞对于教授来说意义非凡，因为这把伞是一个好朋友送给自己的珍贵礼物，自己无比珍爱。为了找回这把伞，教授花了超过这把伞数倍的钱登报寻找，可是一个星期过后，始终没有回应。

教授把这件事情告诉自己的一个朋友，想请对方给自己出出主意。朋友看了一眼教授登的寻物启事，内容为："上星期日傍晚，本人于教堂遗失黑色绸伞一把，如有仁人君子拾得，烦请送到布罗德街10号，当以5英镑酬谢。"看了这则"寻物启事"，教授的朋友说："登广告里面的学问大了，您之所以没有找回那把伞，就是因为您登的广告不行。"说完，拿出笔来重写了一则广告递给教授说："您把我这个广告再登一遍，保证能找到那把伞！"

广告是这样写的："上星期日傍晚，有人曾见某君从教堂取走雨伞一把，取伞者如不愿招惹麻烦，还是将伞速速送回布罗德街10号为好。此君为谁，尽人皆知。"

教授半信半疑地又重新登了一次广告。令他意外的是，第二天一出门，院门口居然横七竖八地躺着六七把雨伞。这些伞大大小小，各式各样的都有。教授自己的那把黑色绸伞也夹在里面。有几把伞内还藏着字条，说是没留心拿错了，恳请失主勿将此事声张出去。

教授之所以最终能够将丢失的伞重新找回来，就是因为他的朋友抓住了普遍小偷怕被抓到的心理弱点。巧妙暗示已知道偷伞的人是谁，让对方产生恐惧。这样一来，偷伞的人都不得不将伞"归还"了。

在日常生活中，我们不可能一下子就知道某个人的弱点。但是我们却可以制造出一些假象，让对方产生类似于"恐惧"的心理。比如，当你面对一个非常高傲的人，合作起来势必要费一些周折，但是如果你能让对方心理上受一点小打击，甚至担心如果不跟你合作可能就没有别的机会了，那对方就会因为"恐惧"而放低姿态，甚至还可能会主动找你。

劳伦·诺尔准博士毕业于美国西北大学，是著名的心理学博士，他曾经做过这样一个心理实验。

他招募了 71 名实验者，让他们进行一项名为"赛博滚球"的虚拟游戏。

这些人被分别安排在两个队中进行体验。我们将其分别称为"普通队"和"遭到排挤队"。

两队中的实验者都要和两名对手比赛。不同的是，在"普通队"中，平均三次传球中有一次可以接到球。而在"遭到排挤队"中，平均只有 10% 的球会传到实验者手中。

游戏结束后，博士开始问实验者一些简单的问题，比如："好友要开一场盛大的 Patty，但是唯独没有邀请你"，或者，"你和一个心仪已久的人约会，但是遗憾地遭到了拒绝"，你会感到多心痛？

结果显示，"普通队"的实验者心痛指数为 3.65 分（10 分为满分），而"遭到排挤队"的实验者心痛指数却超过了 4.46 分。也就是说，在相同的情景联想中，遭受排挤的人心痛指数要远远高于前者。

当人们的自尊心受到挫败的时候，是很容易被说服的。一个遭受到拒绝的人会变得对拒绝更加敏感，甚至对拒绝产生恐惧。这个心理原理就可以用在被你请求者的身上。比如，你看上了某件商品，但是这个商品的要价你又觉得过高了。这时候，你可以找另一方和卖方"洽谈"一下，并拒绝以商品的原价购买。经过这次拒绝后，卖方很可能会为前一次的拒绝而担忧，害怕商品卖不出去，于是当你再次找到卖家的时候，他很有可能会因为恐惧心理而答应降低价格卖给你。

心理研究还表明，人们更关注那些消极的因素。任何事情都是具有两面性的，既有好的一面也有坏的一面。同样的意思用不同的表达方式，却会给人的心理造成完全不同的影响。

同样一件事情，由于看待和选取角度的不同，得到的印象也会完全不同，心理学上将这种选取称为"框架效应"，这是心理博弈中的基本技巧之一。

"恐惧心理"就是这样具有"魔力"，可以让对方乱方寸。所以，如果你想要对方答应你的请求，先要想办法制造一些心理上的"恐惧感"，这样，他就会心甘情愿地答应你。

"将错就错"，创造新的成功

拿破仑有句名言："世上没有废物，只是放错了地方。"此话是说世间的一切事物都可以变成财富，就看你会不会应用。在现在激烈的社会竞争中，很多人为了使自己永远立于不败之地，总会从别人的成果中寻找瑕疵，并借此大做文章，最终目的就是想打垮对方，让自己成为"主角"。

这时，对于一些否定要以"将错就错"的态度坦然面对，这样会让对方的策略和方法失去作用，从而方寸大乱。所以，"将错就错"无疑是应对对手"挑刺"的最好办法。

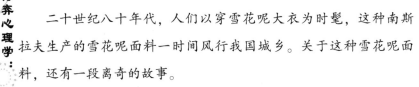

二十世纪八十年代，人们以穿雪花呢大衣为时髦，这种南斯拉夫生产的雪花呢面料一时间风行我国城乡。关于这种雪花呢面料，还有一段离奇的故事。

某雪花呢生产厂家之前主要生产的是黑呢子。当他们把货送到经销商手中的时候，竞争对手却为了挖走这个客户，在背后故意说面料质量有问题。这家经销商就决定查明情况。

等调查人员到这家雪花呢厂询问时，技术人员很坦然地承认对方所说的是事实。面对经销商退货的情况，这家纺织厂决定"将错就错"，生产一种更别致的面料。

原来，他们生产的布料上的确有许多难以除去的白色斑点。为了挽留这个经销商，技术人员决定把这些面料上原本的斑点扩大、增多一些，然后重新配图生产，并给新产品起了个别致的名字"雪花飘"。

后来，当这家纺织厂把这个新产品的样品带到经销商面前时，经销商非常满意。他不仅没有退货，反而还追加了一笔更大的订单。结果，这种新产品一经投放市场即被抢购一空。

面对这种情况，该厂的竞争对手一时间目瞪口呆、不知所措。他们的本意是想借此机会击垮这家纺织厂，却没有想到人家"将错就错"，创造出了更好的品牌。而他们生产的黑呢子市场被雪花呢面料占领，生存越来越难，最终不得不退出市场。

在这个事件中，这家生产雪花呢面料的纺织厂在面对竞争对手提出的纰漏时，并没有掩盖事实；相反，很坦然地承认了事实。但是他们没有因此退缩，而是选择了"将错就错"的方法，利用面料本身存在的缺陷创造出了全新的品种，进而扰乱了对方的阵脚，使得自己在市场上有了独一无二的品牌，也使得对方不战而退。

如果面对别人的挑剔惊慌失措，那么势必正中了对手的下怀，对手就是希望你出丑，希望你因此而不振。但是，如果你运用"将错就错"的方式来迎接对方的挑战，那么你不但没有不振，反而变得强大。此时对方的阵脚就会被打乱，最后你就可以轻而易举地获得成功。

然而，在博弈中利用"将错就错"以打乱对方阵脚的时候，要注意哪些方面的问题呢？

1. 要镇定，不要慌乱

当你的缺点和毛病被对方公布于众的时候，无疑会降低你的声誉和信誉。这对于你来说，确实是个致命的打击。这时，一般人都会惊慌失措。如果你能保持镇定，思维就不会慌乱，从而能迅速想出办法处理突变；如果你不够镇定，那么势必会输得很惨。所以，无论发生什么事情，都要镇定，不要慌乱。

2. 要敢于拿错误"做文章"

一般情况下，当你的过错或缺点被人披露之后，大家关注的不再是你的好，而是在你的过错和缺点上会投入120%的注意力；而你的竞争对手，则巴不得你不"战"而退。这时你要敢于拿错误"做文章"，抓住大家注意力集中的特点，一鼓作气，使自己变得更加优秀。这样，你不但不会受过大的影响，还会因此而受益，可能是物质上的，也可有是精神上的。当你并没有因为自己的错误或缺点走向失败，反而走向成功的时候，你的对手便会方寸大乱。因为，你的坚强与优秀出乎他的意料。

"先发制人"，才能获得主导权

"先发制人，是攻击对方心理防线最有效的战术"，这是博弈高手非常推崇的一句话，这句话是告诉人们要主动出击，把主动出击作为一种攻击对方心理防线的有效方法。

但事实上，并不是每一次的"先发制人"都能取得好的结果的。博弈高手认为，把这种"先发制人"的心理战术做到运用自如不是一件容易的事情，也不是一天两天就能学会的，需要掌握一定的技巧，并且通过实战不断地积累经验才能得到最佳的效果。

1. 壮大气势，看低对手

人们在遇到困难的时候，往往会在潜意识里将困难的程度升级，导致原本并不困难的事情却给自己带来了巨大的心理压力，最后反而无法成功。很多时候，导致最后失败的并非困难本身，只是自己的恐惧心理而已。一个内心有惧怕情绪的人，其行动力会大打折扣，这便是很多人失败的根本原因。要想在博弈中掌握主导权，让自己成为掌控全场的人，首先就必须克服这种心理，让自己的内心充满自信。

在很多传统生活经验中，看低对手是一种很危险的行为，因为这会使人们轻敌，以至于出现低级错误而导致最后的失败。提升自己和看低对手其实是相辅相成的，如果我们要将自己的自信心进一步提高，就必须在心理上"俯视"对手，只是在"看低度"上要精准掌控。看低你的对手并不是对其不屑一顾，而是在了解他的情况之后发现他的不足，这是一种筹备好对策之后的坦然和自信。

1999 年，美国曾经爆出一个财务丑闻，有人向媒体举报了某企业有 3.5 亿美元资金去向不明，政府将这一案件交给了 FBI（美国联邦调查局），命其在短时间内一定要侦破此案。接到这项艰巨任务之后，FBI 的探员很快展开了调查，并不断缩小了范围，最后将目标锁定在一个叫作克里斯·哈特森的银行家身上。通过对哈特森的调查，FBI 的探员发现他拥有调转资金的权力，并且是这个案件中最值得怀疑的嫌疑人。在对其身份进一步调查之后，很多 FBI 的探员却头疼起来，因为哈特森不仅身家不菲，而且和美国国会高层有密切联系，诸多知名政治人物都是他的座上宾，与他保持有良好的私人关系。面对这样一个身份地位都较高，又拥有如此深厚的政治背景的人，普通势力很难与之抗衡。原本顺遂的调查进度忽然停滞下来，这引起了警方负责人的注意。当他了解到探员们停下脚步的原因之后，便非常严肃地告诉他们："他的钱和背景并不能成为他无罪的理由，我们不能因此而放弃对他的调查。你们只有首先在心理上将他看低，才能有信心找出事情的真相。"

受到鼓舞的 FBI 的探员迅速提审了哈特森，虽然他的态度无比傲慢，丝毫不将年轻的探员放在眼里，但在充足的证据面前，也不得不低下自己的头，承认参与了这一经济犯罪。

2. 拒绝对方的无理要求

社会交往的过程基本可以算是一个人们互相试探对方底线的过程，人们总会面对一些让人不能忍受的要求，而一味地顺从只会让你变成一个"任人鱼肉"的对象。要想在交往的过程中变得主动，不再被别人主导，首先就需要提升自己的威信，而拒绝别人的无理要求是一种快速、有效地树立威信的方式。须知，当一个人的无理要求获得满足的时候，他会认为自己获得了成功并凌驾于他人之上；当他被拒绝的时候，他就会明白"此路不通"。

1999 年，面对即将到来的千禧年，美国境内的"千年虫"问题引发的恐慌导致了很多社会问题，FBI 迅即展开了对这类事件的平息工作。在亚利桑那州，一群大学生在州政府办公楼前拉起了横幅示威，他们认为是州政府的不作为导致他们无法抗击"千年虫"的侵袭，要求州政府以数倍的价格赔偿自己的电脑。这个提议获得了很多市民的赞同，如此就导致游行的队伍越来越壮大。

接到平息事态任务的 FBI 迅速来到州政府门口，约谈了当时作为领袖的几个大学生询问他们到底有什么要求。当学生提出赔偿要求之后，FBI 立刻严词拒绝，他们告诉学生："为了预防这类问题的出现，州政府已经做了很多防护工作，花了纳税人很多钱。普通民众不明白其中的道理也就罢了，你们是接受高等教育的大学生，居然也这么不明事理，实在令人失望。你们所提出的要求完全不在情理之中，州政府不可能答应，请你们谨慎规范自己的行为，如果再继续下去，有可能触及法律，要接受严正的审判。"

被拒绝的大学生认识到自己的行为已经触及了州政府的容忍底线，而他们所期望得到的结果是不可能出现的，于是他们的信心开始动摇，最后慢慢散去，一场差点儿演化成暴动的集会就这样被化解了。

掌握主导权是一场心理攻防战，在这个过程中，语言作为攻击的利器是不容被忽视的，恰当地使用语言，可以营造出自信的形象，可以给对方的心理造成"威慑"。

用"最后通牒"攻破对方心理防线

生活中，我们在做出决定的时候往往会深思熟虑，会把各种可能的情况都考虑到，而这要花一定的时间。在双方处在对立关系的时候，应对对方的好办法就是下"最后通牒"，压缩其思考时间。时间短了，对方难免紧张。仓促之下做出的决定自然漏洞百出，从而为你的"攻击"创造了条件。

因此在下"最后通牒"的时候，一定要表明自己的态度，没有商量的余地。事实上，这个"截止日期"就成为对方内心深处的定时炸弹。每靠近一秒，对方就会心跳加速。到了那个规定的时间，即使你没有把对方怎么样，对方也会乱了阵脚。这时，你可以说是胜券在握。

王娜和张永福小两口这几日因为赡养老人的问题，发生了激烈的争吵，双方谁也不肯让步。几次"交锋"，都是"两败俱伤"，累得两人够呛。

最终，王娜使出了"杀手锏"。她给张永福下了"最后通牒"：在本周六晚上，要是再得不到同意的话，她就要和丈夫分居。面对王娜的威胁，张永福一开始态度非常强硬，坚决不同意。王娜做好了准备，等着周六晚上的到来。

一天一天过去了，离周末越来越近了。张永福开始担心，他知道王娜的脾气——说到做到。要是到时候真分居了，往回请可是要花时间和精力的。再这么闹下去，两人的婚姻指不定要出什么问题呢！

时间每过去一秒，张永福的心就紧张一下。就这样，当周六晚上到来的时候，张永福已经疲惫不堪，他说："这种日子实在太痛苦了，我受不了了。"

王娜问："怎么样，做好决定了吗？你今晚要是再不同意，我立马搬出去住，说到做到。"

张永福低头抽烟，半天不说话。王娜提着东西，准备出门。这时张永福说："这种日子实在太痛苦了。"

王娜依旧生气地拉开了门，张永福说："我都方寸大乱了，你还想怎么样啊？"

听到这话，王娜才明白过来，丈夫所说的日子太痛苦，是指被"下通牒"的这段日子，而不是指他们的婚姻生活。

就这样，王娜以"最后通牒"的方式让张永福做出了最后的决定。

在这个事例中，王娜以"最后通牒"的方式让张永福迅速做出了决定。很显然，这个决定对于他来说并不是最好的决策，但是对于王娜来说却是再好不过了。所以，用"最后通牒"的方式给对方施加压力，让对方在权衡利弊之后迅速做出并不是完美的决策，从而为你的博弈赢得最后的机会。

通过向对方下达"最后通牒"，而扰乱对方的计划，使得对方自乱阵脚，最终催使对方在不得已的情况下做出有利于自己的决定。这种方法直接"攻击"的是对方的心理防线，只要对方的这个心理防线被攻破，那自己距离成功也就只有一步之遥了。

在博弈中，下"最后通牒"的时候，要注意以下几个方面的问题：

1. 态度要严肃，让对方觉得没有"后路"可退

在向对方下"最后通牒"的时候，态度一定要严肃，没有任何可以商量的余地。只有这样，"最后通牒"的心理博弈才会起作用；否则，对方把它当作儿戏，不放在心上，"最后通牒"也就失去了意义。因为对方明白，即使到了"最后通牒"的时间，也不会怎么样。

2. 强调时间

"最后通牒"的意思就是在最后的时间内做出决定。所以在向对方下"最后通牒"的时候，一定要强调时间，且尽可能明确化，绝不能模棱两可。这样对对方的心理作用才能更加明确，更加有作用。时间越紧，对方的焦虑感就会越重，也就越容易乱了阵脚。

3. 强调结果

在下"最后通牒"的时候，一定要将"通牒"的结果告诉对方，"如果……就会……""如果不……就会……"这样，事实上给了对方两种选择。随着最后时间的逐渐靠近，对方就会内心烦乱，做出的决定自然比较仓促。对于你来说，这时候是赢得"胜利"的最佳机会。

"攻击"对手心理弱点，让对手输给自己

每个人都会存在心理弱点。而很多时候，心理弱点是对手"攻击"我们最有利的条件。每个人都不想被社会所淘汰，也不想落于人后。面对这种情况，很多人会选择"攻击"对手的心理弱点，让对手的心理堡垒倒塌，使自己立于不败之地。

心理决定着行为。一个人心理坚强，才能有足够的信心来赢得博弈；相反，一个人心理堡垒倒塌了，那就意味着他在竞争中会不战自败。因此，对对手的心理弱点进行"攻击"，无疑是赢得最终胜利的良机妙策。

老王是一个多疑的人，这种多疑让他在公司经营中错失了很多良机。

刚开始老王的生意很好，可是自从被一个外地人骗过一次之后，总有一种患得患失的情绪，总是怀疑人家会欺骗他。

一次老王得到消息，有一家私人纺织厂要转让。他一直都想兼并一家纺织厂来扩大经营范围，所以早早就着手考察这家企业。在他暗地里调查的时候，另外一家企业也很看好这个纺织厂，也想收购。

对手得知老王也有这个想法后，就对老王进行了摸底调查。当对手得知老王多疑这个缺点之后，随即使用了一个计策，让老王最终空手而归。对方没有用抬高价钱的方式和老王竞争，而是派手下故意在市场上放出风，说有企业也很看重这家纺织厂，打算兼并，而且现在已经在暗地里对纺织厂进行评估。

老王听到这个消息后，觉得是这家纺织厂在作秀，目的是想让他抬高价钱。他心想：既然对方想借此来逼迫我抬价，那我就先停止收购的脚步，晾它一段时间。于是，他没有再接触这家纺织厂谈论收购的事。

谁知大概过了两个月，老王派人再去这家纺织厂打探消息的时候，纺织厂已经易主。

在这个事件中，老王并不是输给了自己的谋略，而是输给了自己的心理弱点。老王多疑的心理弱点使得他总是怀疑，而对手就是利用了这点成功地使老王退出了竞争。对手直接"攻击"的是老王的心理弱点，进而"击垮"了老王的心理堡垒，扰乱了老王原本的计划，最后成功地收购了纺织厂。

直接"攻击"对手的心理弱点，可让对手的心理堡垒倒塌，最终自乱阵脚。只要一个人的心理堡垒被攻破，意志也同样会受到影响，这样就容易给对手以可乘之机。

那么，在博弈中"攻击"对手的心理弱点，让对手心理堡垒倒塌，有什么技巧和方法呢？

1. 调查了解是前提

正所谓"知己知彼，百战不殆"，要想对对手的心理弱点进行"攻击"，就必须了解对手的心理弱点。因此，调查了解是前提。在调查的时候，可以通过对手身边的人，也可以通过对手的竞争对手。只要是和对手有接触的人，或多或少都有一些了解。对调查得来的信息进行分析，得出正确的结论，再制定相应的策略。

2. 制定相应的策略是关键

当了解了对手的心理弱点之后，要根据实际情况制定相应的策略。比如故事中的竞争对手了解了老王多疑的心理弱点，从而制定了让老王起疑心的策略。结果在对方的精心策划下，老王果然中招，最终错失良机，主动退出了竞争。所以，根据对手的具体情况制定相应的策略，是赢得竞争的关键。

3. 掌握对方的反应

在对对手进行心理弱点的"攻击"之后，一定要对对手的反应有个清晰明了的了解。明白自己所做的"攻击"是否起到了作用；否则"攻击"就没有实际意义。

博弈瞬息万变，随时都有可能出现各种情况和变化，掌握对手的情况才能更好地制定相应的对策。

第四章 反向博弈：
在不知不觉中干扰对方的心理

⸗ ……•…… ⸖

　　谁说博弈就只能是针锋相对的较量？真正充满智慧的博弈手段，是以一种类似于"障眼法"的方式进行反向博弈。如果你很强大，你可以故意示弱；如果你并不自信，那就假装自信；如果你能洞察一切，可以"装笨"。这种"装"出来的博弈，会在对方的意识里形成一个假象，这时，你也更容易达到自己的目的。

关键时伸出援手，更能征服人心

人生起起伏伏，今天的成功者可能成为明天的失败者，昨天的失败者可能是今天的成功者。这种现象，在当今社会并不罕见。

在我们周围不乏落魄者，他们很可能是从"天上"掉到"地下"的，其痛苦心情可以想象。在这种情况下，他们很多都自惭形秽，觉得没脸见人，也有的则更加敏感，对他人对自己的态度往往异常关注。此时，如果我们"幸灾乐祸"，对方自然会对我们失望至极，甚至会产生报复心理。在这种情况下，博弈高手会选择伸出手，拉对方一把。

周定王二年（公元前605年），楚令尹斗椒乘楚庄王伐陆浑之戎之机，率本族若敖氏发动叛乱，欲置楚庄王于死地。楚庄王经过艰苦作战，终于将叛乱平息，巩固了君位。事后，论功行赏，在渐台大摆酒宴，招待群臣，欢庆胜利。一时间，渐台之上，文臣武将云集，妃嫔歌女陪伴。热闹非凡。

楚庄王更是兴致勃勃。他大声宣布："我已经六年多不击钟鼓娱乐了。今日平定奸臣叛乱，国家安定了，我愿意同大家尽情娱乐一天，共享太平。我们这个宴，就叫太平宴。"

众臣听罢，齐声附合，连连称赞。

楚庄王接着下令："朝中文武官员，不论官职人小，都可以入席赴宴，尽情畅饮。"

大家一齐拜倒感谢，遂依次入席就坐。

宴会开始，侍者穿梭般来来往往，将美味佳肴呈献在群臣面前。乐师奏起了欢快的乐曲，歌女跳起了轻柔的舞蹈，群臣频频举杯庆贺，到处洋溢着欢乐的气氛。

不知不觉，天色已晚，但大家仍兴致不减，楚庄王于是命人点上蜡烛，继续欢宴。

喝到高兴处，楚庄王一时兴起，也忘了什么君臣之礼，命自己最宠爱的许姬给大家送酒助兴。众臣见状，又惊又喜，慌忙起身回谢，站着将酒饮下。

突然，一阵风吹来，将所有的蜡烛全部吹灭，眼前一片漆黑，堂上顿时有些混乱。楚庄王命令左右赶快去取火点蜡。

这期间，有一个人因垂涎于许姬的美貌，加之饮酒过多，难于自控，便乘黑暗混乱之机，抓住了许姬的衣袖。

许姬一惊，左手奋力挣脱，右手趁势抓住了那人的冠缨，由于用力过猛，将冠缨揪了下来。那人吃了一惊，酒醒大半，也慌忙松了手。

许姬拿着冠缨来到楚庄王面前，附在他耳边轻声说道："我刚才奉您的命令给大家敬酒，有一个人对我非礼，趁蜡烛熄灭之机硬拉我的衣袖不放。我已经把他的冠缨揪下来了，您可以点上蜡烛查一查是谁干的。"

楚庄王听罢，略加思考，却命令左右先别点蜡烛，并大声宣布："我今天举办宴会，有约在先，要同大家尽情畅饮，一醉方休。现在大家都要去掉冠缨，举杯痛饮，凡不去掉冠缨者，将被我们视为不受欢迎的人。"

此语一出，大家纷纷将冠缨去掉，以示响应。随后，楚庄王方下令点亮蜡烛。这时，大家冠上都没有了缨，刚才拉许姬衣袖的人自然也无从查起了。

宴散之后，许姬埋怨楚庄王不该如此迁就臣下的无礼举动。楚庄王笑着解释说："我今天宴请群臣，是让大家尽情欢乐。一些人酒后失态，是人之常情。我如果追查这件事并对之进行处理，保全了你的名节，却伤了臣下的心，使大家都感到扫兴，这就违背了我宴请大家的初衷啊！"

许姬见楚庄王说的在情合理，遂转怒为嗔，对楚庄王更加敬佩了。此事传出，大家纷纷称赞楚庄王处事得体，遂称此次宴会为"绝缨会"。

后来楚庄王攻打郑国，有一位健将独自率领几百人，为三军开路，过关斩将，直捣郑国的首都，而此人就是当年对赵姬无礼的那位官员。他因楚庄王施恩于他，而发誓毕生效忠于楚庄王。

试想，楚庄王若是一个小肚鸡肠的人，当场把调戏赵姬的人抓出来，一定会让对方名誉扫地，甚至恼羞成怒。而楚庄王善意的举动不仅维护了对方的尊严，更为自己笼络了一员猛将。是得是失，一目了然。

在重要关头帮人一把，拉他一下，他会在心里感激你一辈子。

即使你是一个不图回报的人，在别人需要你的时候，困难的时候，走入瓶颈的时候，拉人一把，也可以唤起自己一颗善良的心。

陈羽与刘涛在一起工作了多年。在工作中，陈羽表现平平，只是一个小职员；而刘涛则能力很强，已成为销售部的经理。两个人的交往并不密切，只是私底下的点头之交。

一次，刘涛因涉及公司的一些重大变故，而受到董事长的冷落。祸不单行，刘涛的母亲又因意外去世。接二连三的打击让刘涛感到格外悲哀。这时，陈羽很同情刘涛的境遇，在他母亲下葬的那天，陈羽主动帮忙。正值寒冬腊月，其他同事都躲在屋里取暖，只有陈羽一直在外面帮助处理各种事务。见到这样的情景，刘涛十分感动，突然觉得陈羽的形象高大了起来。

一年后，刘涛东山再起，重新当上了销售部经理，不久又迅速升任总经理。他难以忘记陈羽在他患难时的帮助，就努力提拔陈羽为销售部经理。

人非草木，孰能无情。在困难之际，人们内心深处都有情感的需要，希望从别人那里得到关怀、体贴和重视，甚至有时候，情感需要比物质需要更迫切。如果我们能忧他人所忧，乐他人所乐，对他人富有同情心，并在患难时伸出援助之手，就很容易征服对方。

当朋友身患重病时，多去探望，多聊聊朋友关心的或感兴趣的话题；当朋友遭遇挫折时，多给予一些鼓励；当朋友郁郁寡欢时，亲切地慰问他们。这些适时的安慰就像阳光一样，能够温暖受伤者的心田，带给他们对未来的希望。

因此，从此刻开始，别再漠视那些落魄的朋友了，伸出你的手，关键时刻拉他们一把。

告诉他"你一定行"，哪怕只是安慰

想要让对方痛快地答应我们的要求，充满激情地帮我们做事，最好的办法是对方能将做这件事情视为"小菜一碟"，绝对可以胜任。可是如果对方会认为事情难度大或者因为其他原因，态度不是很明朗，那么此时你要做的就是用自己的言语和态度去影响对方。告诉对方：你一定行！要对自己有自信。这样就能让对方产生解决问题的动力。

心理学中有一个名词叫"有效的期待"。意思是说，大多数人的天赋与才能都在深深地潜伏着，需要外界各种因素的激发，而期待、鼓励、支持、赞扬等这些积极的外界因素，往往更易激发身体中的潜能。这种外在的因素便是"有效的期待"。

戴尔·卡耐基也曾经说过："大多数人的体内都潜伏着巨大的才能，但这种潜能是酣睡着的，需要被激发。一旦被激发，人们便能做出惊人的事业来。"所以，当你想要让对方胜任某个角色，或者为你做某些事情的时候，就要多多给予他正面的激励和评价。做过管理和培训的人都知道，越是说一个人"行"，那么这个人的表现就会越来越好；相反，你越是说一个人"不行"，那这个人的表现就很有可能越来越差。当然，个别心灵强大的人会有例外的表现，但大多数人是会受到这种心理暗示的。

现在，请你想象一下。假如你是一名销售经理：以下哪种场景更能令你的下属对自己和未来充满信心呢？

场景一：

这次销售业绩排名最后的是小杨，她不好意思地走到你的办公室，你越想越生气，开口就说："小杨，这次你的业绩排名最后！"小杨一脸抱歉，心理百般滋味。你也觉得无话可说，最后让小杨自己回去好好想想。

场景二：

这次销售业绩排名最后的是小杨，她不好意思地走进你的办公室，你心里对她的业绩不太满意，便开口说："小杨，这次你的销售业绩排名最后啊。"小杨刚要说对不起，你赶紧说："没关系，不用太在意一次的成败。只要扬长避短，我相信你以后肯定会成为一个顶级销售员的。你的口才很不错，只是一开始分配的营销区域你还无法适应而已，下次你的业绩肯定会追上来的。"小杨满怀信心地走了，回去后开始认真思考自己哪里做得不好。

很显然，两种场景下，第二种是更能激励对方的。但是现实生活中，很多人却任性地做着"场景一"中的事情，让对方失去积极行动的自信。当一个人的生长环境中充满负面的评价时，人的内心深处会习惯性地受到负面信息以及负面评价的影响，进而顺着这种信息，做出对自己比较低的评价。一旦生活中有了挑战，首先就感觉自己应付不来。

要想他人充满自信地帮你做事，你需要的是不断激励对方而不是不停批判。激励是使别人积极主动地做你希望他们做的事的艺术。所以，生活中做一个懂得激励他人的人，会更易于影响他人向着你所设想的方向发展，进而帮你铺路。

公司新来的建筑师安德毕业于某知名院校建筑系。初来乍到，他生怕什么地方做得不好。然而越是紧张越觉得诸事不顺，一连交出的几张建筑设计图纸都没有通过。公司决定让老工程师哈森带一带这个小伙子。哈森有着多年的建筑经验，由于前几次的失利和上司的批评，安德在哈森面前毫无自信，不仅没有继续设计图纸的计划，反而表现出想要放弃的架势。

得知安德是因前几次自己的设计总是达不到要求，才变得如此不自信，哈森便真诚地鼓励安德说："你的设计我都看过，非常具有创新精神。如果再将细节做得合理一些，我相信你一定可以成为一个著名设计师。"安德被哈森的话感染了，从此不再怀疑自己，渐渐走上"著名设计师"的道路。

积极、正面的语言，能够激发对方的无限潜能，从而有效地影响对方，使对方很乐意帮助自己。正面激励影响越大，心态表现也越积极，从而使行动表现得越来越积极。哈森正是利用这样的方式，成功地影响了新来的设计师，使其更好地投入工作。

激励他人是激发其行动的最有效措施。如果没有这种激励，心理便没有发展的动力，当然也就谈不上行动了。如果你想向他人施加影响，首先要学会肯定对方，使其内心深处产生强大的动力。

"装"可怜——同情心会让对方卸下防备

面对弱者的时候，人们普遍存在一种怜悯心态，会不由自主地想要帮助一把。比如，当你的成绩不理想的时候，老师看到你伤心的样子，就会很同情你，甚至会例外给你"开小灶"。初出茅庐的大学生，业务和人际关系自然都不是太成熟，这个时候，如果上司看到你可怜的一面，很可能也会因为同情而多给你一些机会。即便是曾经十恶不赦的大坏蛋，一旦流落街头，人们也可能会不由自主地生出一丝怜悯，甚至还有可能会伸出援手。

北宋名臣韩琦曾经与范仲淹一道推行新政，最终官至宰相，但是他从不高傲，在有些场合还会适当地放低自己的姿态，减少官场争端。有一次，他与同僚王拱辰、叶定基等人在开封府主持科举考试。王拱辰和叶定基两个人经常为这一份卷子是否比另一份卷子更好而争得不可开交，在两人争执不下的时候就会找韩琦评判。这时候，韩琦无论站在哪一方都会惹得另外一方不开心，到最后只好选择听而不闻，视而不见，坐在桌前专心批阅考生的试卷。

韩琦本以为自己这样低调，就可以避免陷入王拱辰和叶定基争论的漩涡了，但是没想到的是麻烦还是找上了他。有一天，王拱辰和叶定基再次吵得不可开交的时候，王拱辰看到韩琦不发一言，就跑过来对韩琦嚷道："我说你在这里是练习气度呢？"韩琦听了这带刺儿的话，并没有生气，反而是轻声细语地说道："实在抱歉，都怪我这耳朵不顶事，现在还没弄明白你们在争论什么事情！"韩琦这么爽快地向自己道歉，完全出乎王拱辰的意料，王拱振碰了一个软钉子后只好灰溜溜地闭上了嘴。事后，韩琦又耐心地做了两人的工作，把两人的矛盾给解决了。自此，同僚们都对韩琦刮目相看，礼敬有加。

这个故事其实是告诉我们，面对争执或是别人的"攻击"时，示弱的重要性。在当下的社会竞争和人际交往中，每个人都应该学会适当地示弱，个性很强、不肯让步的人往往难以与别人友好相处。因此，我们要学会穿上羊皮，让自己表现得柔弱一点，如果处处显示出自己强势的一面，锋芒毕露，那么就会出现"木秀于林，风必摧之"的现象。很有可能会碰得头破血流，也会让自己同他人的博弈变得困难重重。适当地示弱其实是一种真诚接纳的态度，是一种睿智的表现。适当地示弱可以让紧张的局势得到缓解，很好地消除隔膜，是一种非常有效的关系润滑剂。要明白，示弱绝对不是软弱，不是一点原则也没有，更不是一种自我贬低式的妥协，而是一种谦让的风度，是一种宽容和尊重，是一种表达自己善意的处世之道。

在现实生活中，我们更愿意同那些性格和善，看起来没有威胁的人在一起相处，对于个性很强的人则会选择远离，尽量避免自己和他们发生冲突。因为我们知道那些和善的人不会斤斤计较，更加容易相处。

一位刚刚参加工作的业务员，在谈判中失利了。尽管两家竞标企业实力不相上下，但客户最终却决定选择另一家公司的产品。当知道自己失败后，他心情很糟糕，就一路垂头丧气地走回去。路上一边走，一边不停地掉眼泪。此时，对方公司的人下班了，班车一辆一辆从这个年轻的业务员身旁驶过。大家都看到了他伤心的样子，负责招标的部门经理也从车窗外看到了他。

第二天，业务员接到了这个部门经理的电话，让他再到公司一趟。经理再次比较了一下两家公司的产品，觉得他家的产品也是不错的，所以决定推掉那个竞争对手，和他签了合同。

对此，部门经理解释说："昨天看到你垂头丧气的样子，背个包，在夕阳的余晖下，一副很悲伤的样子，让我想起我刚刚工作的时候也跟你一样。所以我又好好研究了一下你们公司的情况。"

弱者最大的好处就是经常能够得到别人不设防的帮助。扮演弱者博得对方同情心，这样的办法在心理学上被称为"败犬效应"，即支持弱者效应。年轻的业务员，因为在夕阳下落寞的样子而被客户同情，最后竟然做成了本应很难完成的事情。

所以，当你与对手力量悬殊时，与其表现得视死如归，还不如表现出可怜的样子。你的强硬只会让对方更加强硬。一旦你停下来，让对方看到你"一把鼻涕一把泪"的无助情形，对方很有可能就会因此停止争斗。即使在很正式的谈判中，这一招同样管用，整个谈判都有可能因为一方的"弱势"而改变。

不过，在这么做之前，你首先要了解对方的心理，明白怎样才能抓住对方最软弱的地方，让对方没办法对你"硬起心肠"，从而真正博得对方的同情心。最好是能让对方看到你无助的样子，让对方感觉到他是高高在上，而你却是非常弱小的，和你太过计较是一件不好意思的事情。只有这样对方才会因为"不忍心"而对你放松要求，或者卸下盔甲。一旦你成功地通过"示弱"获得帮助，你就获得一半的成功了。

需要注意的是，利用他人的同情心确实是博奕的一大秘诀，偶尔用之往往具有出奇制胜的效果。但如果总是抱着博取同情心的目的装可怜，不但无法引起任何的同情，反而会让人觉得厌烦，甚至还会招到对方的鄙夷。另外，此法也要用在正途之上。

被人排挤时，主动示好胜过针锋相对

一个人在公司里的定位，依据其工作职位、人际关系、能力才华等有所不同。有的人可能是各方争相笼络的对象，在公司里人人称羡；但是有些人却没有那么幸运，只是一个循规蹈矩的上班族。不管何种角色，在职场里最令人难过的还是被人排挤。

被人排挤并非只有能力强的人才会遭遇，能力弱的人同样也可能遇到。总之，"磁场"不对，就难免会出现排挤之事。

如何看出自己是不是遭排挤呢？例如，同事之间总有一些应酬，但是怎么算都少了你；平日一些送往迎来的交际，你常常不经意地被遗忘，等等。

被排挤有时并不是因为我们自身做错了什么事，而是因为某些外部因素让自己成了不受待见的对象。这时你就要细心分析你被排挤的原因，从而找到解决的办法。

张涛是某外企的部门主管，不知为什么，员工们总是和他保持距离，好像心里很排斥他。这到底是为什么呢？他是应聘来到公司的，也从没有和大家发生过不愉快的事。经过一段时间的观察，他发现自己的顶头上司大卫对员工的态度极为不好，经常公开骂人，对员工极不尊重。因此，员工都不喜欢他。而自己因工作关系和大卫接触较多，所以大家不愿和自己往来，是不是担心自己是大卫派来的耳目呢？想到这里，张涛一下子觉得心里豁亮了许多。

张涛决定找个机会和几位在公司里较有威信的同事谈一谈，把问题解释清楚。

一次大卫外出后，张涛把那几位同事召集在一起说："各位同事，我知道大家有些不大敢和我接触，我也明白其中的原因。今天我要告诉各位的是，我和大家一样不喜欢大卫。此前我并不认识他，更谈不上有什么特殊关系。我到这里来，只是喜欢这份工作而已。说心里话，我很想和各位交朋友，希望大家能接受我。"

自此之后，员工们对他的态度有了很大的改变，都很乐意与他打交道。

面对排挤，你不必非得针锋相对地"以牙还牙"，有时候一个善意的举动就可以帮助你解除对方对你的排挤，甚至热情地拥抱你。

潘敏在某家塑料制品企业的经营部上班。一天，经理心急火燎地过来问："杨丽呢？她的那份合同做好了没有啊？"恰巧杨丽因为私事出去了，听着经理责怪的口气，办公室里的其他人都装不知道，反倒是平日里一直被杨丽排挤的潘敏回应说："杨丽刚刚出去，可能上厕所了吧，您需要哪一份合同？"

"就是与宏达塑钢窗厂签订的那一份合同，越到节骨眼儿上越找不着人！"经理很着急。

"杨丽一会儿就回来，我先找一下。"经理走后，潘敏马上给杨丽打电话，找到了那份合同，及时给经理送了过去。

事后杨丽听说是潘敏在关键时刻主动帮她解决了难题，非常感动，同时也对自己之前的行为感到很内疚，于是杨丽向潘敏真诚地道歉并感谢。两个人的关系越来越好了。

像这样关键时刻帮那些对自己有偏见的同事说几句话，就可以有效化解彼此之间的矛盾，让对方重新认识自己。你的热心也会使其他同事乐于帮助你，从而营造一个融洽的办公环境。

很多人在工作中都懂得要与上司建立良好的关系，认为只要上司欣赏自己就万事大吉。其实同事之间的融洽关系也同样宝贵，试想，如果天天都要见面，坐在同一个办公室里工作，两人却互相讨厌甚至排挤，工作时的心情肯定大受影响，业务上也不能相互配合，最后只会影响你的工作表现。同事有困难时主动帮一把，是对别人好，也是对自己好。

心理误导，让对方以为自己占了便宜

为什么在商品促销的时候，人们会蜂拥而至，进行抢购？为什么商家的促销活动有时候让人看起来像是商家在赔本？难道真的有人做赔钱的买卖吗？其实，这里面暗含着一个很有意思的心理原理。掌握了这个原理，你就可以在和你的对手进行博弈时处于优势。

王先生是做箱包生意的。这天，来了一位顾客想要买一个手提箱。经过一番讨价还价后，王先生将价格降到了200元，但顾客仍然想要再压一压价。王先生看透了顾客的心思，便说："好吧，看您是诚心买，180元钱，您拿走吧。"

顾客听了依然不罢休，仍在犹豫。此时，店主人接着说："190元是我的最低价了，但是您千万不能跟别人讲，否则我的生意就没办法做了。"

顾客感觉不对头，马上说："唉，不对，你刚才不是说180元让我拿走吗？怎么又变成190元了？"

王先生露出了惊慌的神色，说："这怎么可能，180元的话我等于白忙活了，我怎么能说呢？"

听完王先生的话，顾客不依不饶地说："你刚才就是说的 180 元，你要对自己的话负责。

沉默了一会儿，王先生只好无可奈何地说："好吧，那就给你吧，就当我给你白带一件。"

就这样，僵持的买卖双方终于达成了一致。

案例中的箱包老板利用口误给客户造成了大占便宜的错觉，顺利地卖出了箱子。其实，对方并没有占到大便宜，但是由于老板的技巧，让他心理上感觉占了"大便宜"，所以很快就掏了腰包。

一般人认为让顾客占了"便宜"，自己就要降低价格，于是许多商家为此拼得你死我活，实际上即便是降到零利润，如果没有让顾客从感觉上认为自己占了"便宜"，顾客也不会买账。顾客也绝对不会因为你"亏本"而同情你。也就是说，顾客要的不是"便宜"，而是占了"便宜"的感觉。

日本人坪内寿夫曾经被称为"电影皇帝"，他在博弈的过程中的高明之处，就是让别人感觉到占了便宜。

第二次世界大战之后，日本陷入了贫困的深渊，人们对天皇的御旨已经不是那样感兴趣了，人们需要的是吃饭和穿衣，也就是脱贫，解决温饱问题。

当时，坪内寿夫刚刚从苏联西伯利亚的日军战俘营里被释放出来，早已饿得精瘦，很想发一笔大财。可是日本并非遍地都是黄金，而是要吃饭的人。没有更好的事情可干，他只得跟着父母经营一家很小的电影院。可是那个时候观众都没有心思看电影，上座率很低，因此他们一家人的生计都很难维持。

一般的情况是一个场次放一部片子，现在坪内寿夫的电影院放两部片子，观众觉得占了便宜，就连本来不想看电影的人都来看了。不长的时间，坪内寿夫的电影院就赚了一笔很可观的收入。

后来，他又用自己的全部资产修建了一座电影大厦。他的这座电影大厦有四个放射状的影厅，可以同时放映不同的四部电影，影厅分别用红、绿、橙、蓝四种颜色来区别。四个影厅只有一个入口，给不同兴趣的观众提供了选择不同影片的机会。但是对于坪内寿夫来说，却没有投入过多的成本，四个影厅共用一个放映室，减少了雇员。这种观影方式不但给观众带来巨大的新奇感，更重要的是让观众觉得自己占了很大便宜，就都到他这里来看电影。只经过5年的奋斗，坪内寿夫就成了当地赫赫有名的"电影皇帝"。

坪内寿夫之所以获得成功，关键就是他总是让顾客觉得在他那里能够占到便宜。这就需要我们运用一些心理学技巧。在商家的一些活动中，"+1元送"的促销方式就是一个很好的例子，1元只是象征性地收取，但是对于顾客来说就感觉占了很大的便宜。再比如，"100元抵用券免费送，满300元可抵"和"满300立减100"相比，后者给顾客的感觉是"我要先付出才能得到回报"，而前者是"商家先付出，再由我来抉择买不买"。所以前者更能让顾客感到占便宜。

任何事情，如果能让对方感觉到是自己占了"便宜"，那么他就会很愿意和你达成合作，或者是愿意为你做事情。所以，对于博弈的双方来说，达成共识的重点就是：你要想办法让对方觉得自己占了"便宜"。

藏起精明，让自己显得愚笨点

一般来说，藏起精明，表现得愚钝一些，会帮助你更顺利地拓展自己的人脉，因为大部分人都更加信赖这类人。

任何有点儿身份、有点儿成功的生意人，都有获得威信的需要，都希望能让他人看出自己与众不同的聪明和才能。那么如何显出自己的聪明才智呢？一个很好的办法就是和一个表现得比较"愚笨"而实际上精明的人交往，对方"愚笨"，自然就更显出了自己的聪明，因此他们都乐于和这样的人接触。同时，一个人"愚笨"一些，本身就容易得到他人的喜爱。

比如在很多企业，聪明的部下总会想方设法掩饰自己的实力，以假装的愚笨来反衬领导的高明，以此获得领导的青睐与赏识。当领导阐述某种观点后，他会装出恍然大悟的样子，并且带头叫好；当他对某项工作有了好的、可行性的办法后，不是直接阐发意见，而是在私下里或用暗示等办法及时告知领导，同时，再抛出与之相左的甚至很"愚蠢"的意见。久而久之，尽管他在群众中的形象不佳，甚至有点"弱智"，但领导却倍加欣赏，对其"情有独钟"。这种人其实是人际关系的老手，他抓住的正是人的本性。

在平常的人际交往中也是这个道理，有时候你表现得很聪明时，对方也许对你并不喜欢，但是你一旦表现得有些"愚笨"，对方反而会觉得你很可爱，反倒喜欢和你交往了。

有一个业务员就曾讲过这样一个故事：当他在一家百货公司上班时，曾经为了和某个大企业家签下合同而多次拜访对方的府邸。虽然这个大企业家是万贯家财的大富翁，但却非常小气。其他几家百货公司也曾经试着和他打交道，都失败而归，大家一致认为要使他成为百货公司的客户是不可能的。但是，因为公司老板命令这个业务员"去看看"，他也只好来回奔波。

某一天，正好遇到这个大老板心情大好："嗯，上来吧！"这个业务员终于可以登堂入室了。原以为这一次该有好的回音，事实却不然。原来是这个大老板极其无聊了，所以把他叫了上来。等他一坐下，这个老板就开始滔滔不绝地说起他如何从一介平民奋斗成为大富翁的经历。

这一番话足足说了两个多钟头。客房是日本榻榻米式格局，对方正襟危坐，业务员当然也不能直膝或盘腿而坐。刚开始他还能频频点头，注意倾听，后来脚实在酸疼，对方的话就变成了耳旁风。30分钟后，他的脚已经麻了；又过了一个钟头，他的额头直冒冷汗。

"今天就到此为止吧！"

这个古怪的老板说完就站起来，业务员也打算站起来，不料下半身已经麻了，一不留神"砰"地一声跌得四脚朝天！

碰撞声确实太大了，连保姆都吓了一大跳，赶忙跑过来问："发生了什么事？"

大老板看见这个大男人竟然跌坐在地上，一时间无法站立起来，不禁笑骂了一句："真是个没用的东西！"然而奇怪的是，这个老板竟然从此成为这个公司的客户！而这个业务员对此解释说："这是他怜惜我这个'没用的东西'的结果。"

那些"很能干"的人才，之所以一直"拿不下"这个大老板，就是因为他们的优点太多而断送了这笔生意；相反，那位被笑骂为"没用的东西"的业务员却成功地完成了使命。

因此，在与人交往中，并不是表现得越聪明越好，而是获得他人的青睐才是重要的。要想得到他人的青睐，你就要想方设法把自己装扮得"愚钝"一些。比如你可以偶尔出些小丑，或适当自我贬低一下，或搞出一副大大咧咧的样子，或莽撞调皮、佯装醉汉、摆出一副憨憨傻傻的神情，等等，以之有效地博得他人的好感。

降低期望值，让对方更惊喜

在你面前放三杯水，一杯冷水，一杯热水，还有一杯是温水。如果让你将手先放入热水中，再放入温水中，你肯定会觉得温水凉；如果先让你把手放入冷水中，再放入温水中，你肯定会觉得温水热。同一杯温水，会给人两种不同的感觉，这就是心理学上的"冷热水效应"。

心理学家指出，冷热水效应的出现，是由于人们的预期心理在起作用。当人们把手放入水杯时，很快会适应水杯里水的温度，这种适应会让人对后面要感受的水温形成一个预期，那就是以现在所感受到的温度为基准。如果再次感觉到的水温不符合这个预期，个体就会感觉到超过实际温度的差别。所以，对同样一杯温水会有冷和热两种不同的感觉。

人与人之间的博弈，就像是一场谈判，而这场谈判，很可能就是冷热水效应的表现。

比如卖衣服，如果商家卖 150 元就能够达到他的心理预期的话，那么他就很可能给买家报 200 元，而买家认为高，于是就开始讨价还价。经过几轮还价，最终以 180 元成交，商家在达到自己预期的同时，还多赚了 30 元。试想，如果商家在一开始就报价 150 元，根据惯性思维，买家仍然会还价，其结果很可能成交失败。

再比如商业谈判中，一方把标的价喊得很高，这样就会使对方低价成交的心理预期大大降低，而最终谈判的价格，可能是在喊价方的预期之上，而又让对方感觉捡了个便宜。

人们在判断某事物时，总要无意中进行相互比较。有时我们在说服对方为我们提供某些帮助（温水）时，不妨用另一件更困难的事（冷水）作反衬，出于趋利避害、两难当中取其易的本能，对方会痛快地答应我们的请求（温水）。

老刘和老马同在一家大型化工厂上班，他们俩是厂子里的谈判高手，人称"黄金搭档"。只要他俩一出马，几乎没有谈不成的业务。因此，俩人深得公司员工的尊重和信赖。

他们俩谈判有一个秘诀，就是十分擅长运用冷热水效应去说服对方。谈判开始的时候，总是先由老刘提出非常苛刻的要求，首先在心理上把对方压倒，让其惊慌失措，灰心丧气。当对方感到"山重水复疑无路"时，老马就出场了，他会和颜悦色地提出一个折中的方案——这个方案也就是他们谈判的目标方案。面对"柳暗花明又一村"，即使折中方案中有一些不利于对方的条件，对方也会大喜过望，认为折中方案非常好，从而愉快地签订合同。

他们的这种谈判技巧非常奇妙，预设的苛刻条件大大降低了对方的预期，使得对方毫不犹豫地同意那个折中的方案。这种谈判技巧，在他们的经商洽谈中发挥了巨大的作用。

"先冷后热"正是老刘和老马的谈判之策，这符合人们的心理——总比一点"好处"也没有好多了。不仅在商业谈判中可以利用这个效应，而且在求职时也可以利用。

在求职时，我们可以利用冷热水效应，先将用人单位对自己的期望降到"冷水的温度"，然后用人单位对我们出现的优点会更加惊喜。

一位计算机专业的博士生性格很内向，毕业后，他拿着博士毕业证书到人才市场上求职，但由于他不善于表达自己，因此没有一家公司肯聘用他。后来，博士以退为进，在求职时只拿出本科毕业证书。不久，一家电脑公司聘用了他，职务是程序设计师。虽然这个职位的薪酬并不高，但是他不以为意，上班时非常勤奋认真，尽职尽责地做好自己的工作。工作当中，他对公司的发展提出了很多有价值的建议，受到老板的赏识。后来，他又独立开发出几个极具推广价值的软件，因此老板提拔他为副总经理，负责管理公司的技术开发工作。老板对他只具有区区本科学历，却对程序设计如此精通感到非常惊讶，在老板的一再追问下，他才拿出了自己的博士证书，老板从此对他更加刮目相看了。

在这个案例中，博士生先尝试的是"先热后温"，没有预期的效果时，才转变为"先冷后热"，最终赢得了对方的赏识。

但如果不能正确运用冷热水效应，刚开始给对方过高的期望，而自己最后却没有达到这个期望，那么你的形象一下子就会降低了。

小董毕业后在一家印刷企业做业务员，很快便得到公司的重用，因为他工作能力很强，有时一个月能签下好几个大订单。

可是，渐渐地，小董的业绩开始下滑。原来，自从得到公司重用之后，小董春风得意，每次见客户，总是拍着胸脯向客户保证公司能满足他的要求。客户要求一个月的时间完成订单，他反而夸口说 20 天就可以完成，给客户很大的期望。可实际上，公司根本不可能在那么短的时间内完成订单，因此，招致了很多客户的不满。小董也因此丧失了很多客户，受到了公司的批评。

小董让客户感到"先冷后热"——比预期差很多。从人的心理来看，这注定了他受批评的结局。

值得我们注意的是，冷热水效应，可以分为"先冷后温"和"先热后温"，前后的不同感受提示我们在社交中应更多地把握"先冷后温"的策略，除非必要，不然就不要选择"先热后温"的策略。

第五章　和解之道：
化敌为友是高明的应战策略

　　如果不能"打败"他，那就把他变成你的"战友"吧！在心理博弈中，应该学会放低自己的身段，以友好的方法让对方接纳自己。去赞美你的对手，软化他们的敌意，将对峙局面变为互利双赢的结果，你就能成为这场博弈中最大的赢家。

永远不要争论，谁都赢不了这场"战争"

在博弈过程中，最不值得做的事情是什么？最得不偿失的事情是什么？就是与人争论。有一句话说得很好："你也许能够打胜一场战争，但是你绝对赢不了一场争论。因为即使你仅凭侥幸就能够赢得一场战争，却不一定能赢得了一场争论。争论，尤其是激烈的争论，最终的结果只会是两败俱伤。"在这个世界上，没有一个人能在争论中获胜；在这个世界上，没有一个人能够在争论中真正击败对手。

据说，在清代中期的时候，在安徽桐城，有两户人家要相邻建房，一户姓叶，一户姓张。姓张的这户人家就是当朝宰相张英的家，而另一家是姓叶的侍郎家。

在开始建房的时候，两家因为地皮而争执起来，为此撕破脸皮就是想多占些地，将自家房屋建的更大一些，但是谁都不肯退让，都觉得对方不讲道理，因此都不甘示弱，谁也没想到本要成为邻居的两户人家却因不肯吃亏而怒目相视，据理力争。

相持不下的时候，张老夫人便给儿子张英写了一封信，告诉张英详细事由，并要求张英出面干预，让对方做出让步。张英马上给家里回了一封信："千里修书只为墙，让他三尺又何妨？万里长城今犹在，不见当年秦始皇。"

张老夫人觉得儿子说得很有道理，主动把自家建墙的位置向后退了三尺。叶家见张家这样的举动之后，也为自家先前行为感到惭愧，也把墙让出三尺。

这样一来，两家的院墙之间就有了六尺的空余位置，成了当时有名的六尺宽的巷道，这条巷道也被大家俗称"六尺巷"。

"六尺巷"的故事成为美谈。对于张叶两家来说，如果一定要争执下去，就算有一方胜出了，占了上风，也会失去一段本可以很美好的邻里关系。这对双方来说都是一种损失。

在生活中，每个人的成长环境、所受教育都不同，因此，与别人相处的时候，与对方意见不统一是常见的事情。有的人会据理力争、强词夺理，其实就是为一个面子寻找一种心理的慰藉而已。当把这种"强词夺理"进行到一定程度、冷静下来分析的时候你会发现，这样的做法其实是没有意义的，它不仅不能让彼此的关系向着好的一面发展下去，而且在某些方面对自己也是一种损失。

卡耐基曾说："避免与人争执的办法就是不争执。"

是的，在交际中，如果只是为了面子而强词夺理，这是非常不值当的，这将会违背我们与对方交际的初衷。因此，每当我们要与人争辩前，不妨先考虑一下，我们到底要的是什么？一个是毫无疑义的"表面胜利"，一个是对方的好感。当我们做出了正确的选择，就会自动地放弃争辩。

具体来讲，在人际交往中，为了避免无谓的争辩，我们可以从以下几个方面做起：

1 建立高水准的自尊

要想不引起不必要的争论，我们首先要建立高水准的自尊，把自己的人生定位在高格调上。这样我们才能对自己充满信心，才可以去追求一些有价值有意义的事情，才不会在一些事情上去斤斤计较，才会心胸客观，谦让待人。

2. 尽量避免强势

当我们提出的意见或建议别人一时无法接受时，自己又不想和对方产生争论，这个时候就要采取平和的口气向对方陈述自己的想法或观点，这样的话，对方觉得不是我们让他陷入绝境。反之，如果采取强势的态度，只能激起对方的逆反心理，从而达不到我们的目的。

所以，与人交往的过程中，千万不要表现得过于强势，更不要动辄采取强迫和威吓的方法。

3. 适当夸奖，欲擒故纵

如果我们留意观察一下，就会发现这样的情况：当面指责他人的不足或错误时，对方很难接受；当用夸奖的方式时，对方会主动承认自己的缺点和不足。因此，为了避免不必要的争论，与他人探讨问题时或他人出现错误时，不要针锋相对，应该避免那些对方不愿意接受的敏感话题，适时地夸奖对方的长处，满足对方的心理需求，让对方心甘情愿地接受我们的观点。

4. 主动坦率地自我批评

任何时候我们都要记住：当指出别人的不足或错误时，一定要间接、婉转地表达出来；如果自己出现了错误时，最好的方法就是主动承认错误。这是避免争论的最佳途径。不妨这样想一下，当我们出现错误后，知道自己肯定会受批评，这个时候要是提前把对方批评我们的话说出来，对方十之八九会以宽宏大度的态度谅解我们的错误。此外，当我们主动承认错误后，争论也就由此消除。

5. 要尽量保持语调温和

在维护人际关系时，不管对方是谁，要想避免争论，一定要保持温和的语气。心理学研究表明，当双方进行交流时，答话者的语调通常会随着问话者语音的高低而起伏。也就是说，问话者的声音高，答话者的声音就高；问话者的声音低，答话者的声音也就相对低了下来。而声音的高低，也是一个人情绪的体现，当我们用温和的声音与对方交谈时，就可以间接地稳住对方的情绪，从而可以避免不必要的争论。

说软话，更有利于解决矛盾

不管是生活中还是工作中，有的时候你知道是对方做错了，你当然可以指出他的错误，但是话如何说才能避免引发一场口舌之战，就要看一个人的说话水平了。如果是因为没有讲究方式而造成跟同事、家人、朋友关系的紧张，就要考虑自我调整。有时候你只要转换一下表达方式，将刺耳的"多管闲事"转换成善意提醒的软话，效果就会好很多。

孙倩在职场上已经"浮沉"了好些年，也遇到过各种各样的人和事，本来应该也算是一个交际能手，但不知为什么，她总是很容易得罪人。她心里总搁不住事儿，有什么就说什么，从来不会隐瞒自己的观点。

有的同事把茶水倒在纸篓里，弄得地上都是水，她会叫同事不要这样做；有的同事在办公室里大声喧华，她会请同事出去；有的同事爱没完没了地打电话，她就告诉同事不要随便浪费公司的资源……她这样做是出于好心，因为这些现象如果让经理看见了，不是一顿责骂，就是被扣奖金。

可是，好心没好报，她这样做的后果是把同事们都给得罪了。每个人都对她有一大堆的意见，甚至大伙一起去郊游也故意不叫她。有一次她实在气不过，就向经理反映，没想到经理也不怎么支持她，弄得她在公司里更加被动了。她非常想不通，明明自己是实话实说，为什么会弄成这样？真是好心被当成了"驴肝肺"。

孙倩的这种为人处事的方式其实在我们生活中很普遍，也很容易理解。我们平时工作、生活离不开与人打交道，有时候看不惯对方的行为就会不假思索地指出来。其实，这是一种欠考虑的行为，特别是在与同事相处时，如果总是对别人的行为挑三拣四，那就很容易被同事们孤立。所以，要想有好人缘，就需要你有一颗包容的心，能够说几句"软话"解决的就不要针锋相对地争执。

一位顾客在商场买了一件外套，五天后却拿着衣服返回商场要求退货。其实，这件衣服她已经穿过一次并且洗过，可她对售货员坚持说"绝对没穿过"，态度也很不友善。

售货员检查了这件衣服，发现有明显的干洗过的痕迹。但是，直截了当地向顾客说明这一点，顾客是绝不会轻易承认的，因为她已经说过"绝对没穿过"。再者，如果直接说破，也会让她感到没有面子，进而引发双方起争执。

于是，聪明又善解人意的售货员绕了个弯子，说了段"软话"，并没有跟顾客正面冲突："这位顾客，我知道您说的是实话，可是有可能是您的家人误把这件衣服送去干洗店洗过，因为这件衣服的确看得出已经被洗过了。不信的话，可以跟店里同款的其他衣服比一比。前几天我家就发生过一件这样的事情。我把一件刚买的衣服和其他衣服堆在一块，结果我老公没注意，把那件新衣服和一堆脏衣服一股脑地塞进了洗衣机。我觉得可能你也会遇到同样的事情。"

顾客想了想，知道无可辩驳，而售货员又为她的错误给了她一个台阶下，于是，她顺水推舟，收起衣服走了。

售货员如果没说这段"软话"，直白地揭穿顾客的"小心思"，再强硬地驳回对方的要求，换来的只会是一场尴尬和不欢而散。现实中，人们普遍存在着"吃软不吃硬"的心态。特别是性格刚烈的人，如果你说话"硬"的话，他可能比你更"硬"；你如果来"软"的，他反倒会于心不忍，也就有话好好说了。

"软话"的威力可见一斑，那么，我们可不可以随意说"软话"呢？当然不是。"软话"要会说，说得恰如其分，才能服人心，发挥作用。

首先，把握好度。"软话"归"软话"，但仍要含蓄地指出对方的错误，同时还要照顾对方的面子。如果分寸把握不当，不但会使自己给人留下不好的印象，也会使对方很难堪。

其次，内含道理。很多时候，你要想劝服人，说"软话"的效果要比说"硬话"好得多。然而，"软话"并不是低三下四地哀求，而是一种博弈，是一种心理交锋，通过温柔的语言启发、开导，使对方按照你的意思行事。

会说"软话"、敢于说"软话"体现了一个人的极高素养。在正常情况下，人的度量大小是很难表现出来的，而在面对一些让自己感觉不舒服的人或事时仍能用平和的语气、得体的语言表达自己的不满的人，他的宽容大度一下子就体现出来了，并且还有可能会让对方心服口服，甘愿为他忙前忙后。

逃避解决不了问题，修补关系要及时

很多人都有逃避心理，总是喜欢推卸责任，自己在工作上出现了错误，想尽办法把责任推给别人，这对个人的发展极为不利。这种人不讨人喜，同事不喜欢与这种人合作，精明的领导也很少用这种人。因此，我们要想维护好自己的良好信誉，就要让人觉得我们值得信赖。

小玲是个非常自我的女孩，平时只要出了点事就把责任推到别人身上，把自己的责任撇得一干二净。

有一次，芳芳和小玲一起去超市，小玲的一个朋友拜托她在路过的药店买点感冒药，她很爽快地答应了。小玲从超市回来后，看到她那位朋友一愣，尴尬地说道："啊，我忘了给你买药了！都怪芳芳买的东西太多了，花了很长时间，弄得我都忘了，实在是对不起啊！"

芳芳很郁闷，小玲把责任全推到她身上，于是便对小玲说："是你在回来的时候只顾着买你的炒栗子才忘了的吧，你怎么从来都认为自己没有错，而把责任推到别人身上呀！"小玲的朋友也在一旁调侃："看来是你们都没把我放在心上啊！"

从故事情节来看，错误在小玲身上，因为她的朋友让她帮忙带感冒药，她给忘记了。但小玲自己却不这么认为，她在埋怨是由于芳芳买的东西太多，才导致自己忘记了购买感冒药。这种归因偏差（归因偏差是指认知者源于人类认知过程本身固有的局限或者不同的动机系统而歪曲了某些本来正确的信息，导致归因不够客观的现象）引起了三个人之间的冲突。

一天，卡耐基在森林公园遛狗，他既没给狗系链子，也没有戴口罩。这时迎面走来一个警察，很严肃地对卡耐基说："你为什么不给你的狗系上链子、戴上口罩？它要是咬伤小孩子，咬死小松鼠怎么办？"

"可是现在又没有人，而且我不认为我的狗会咬人……"卡耐基辩解道。

警察听完很生气地说："这次就算了，如果下次再让我看到，那就请你去跟法官说吧。"

在接下来的几天中，卡耐基遛狗时再没碰见警察，于是这天，他又拿掉了狗的链子和口罩。很不幸，卡耐基远远地看到警察走了过来。

警察一走近，未等对方开口，卡耐基马上诚恳地说："对不起，警察先生，我真是该死，竟然不听您的警告，又这样把狗牵出来了。我有罪，我甘愿受罚。"

这下警察倒不好意思指责卡耐基了，反而劝他说："好吧，这其实是人之常情，这里的确人来得比较少。"

"可是这是违法的啊，而且它可能咬伤人或咬死小松鼠。"卡耐基过意不去地说。

"这么小的狗，应该不会的。"警察反而替他开脱起来。

最后，遵照警察的建议，卡耐基以后都把小狗牵到对行人比较安全的小山那边去溜了。

卡耐基的"先下手为强"，不但及时化解了警察的怒气，也不用真的到法官面前说话了。试想，假如卡耐基还像上次一样为自己辩解，无疑是在挑战警察的权威，肯定会起到火上浇油的效果。如今一个"先发制人"的简单道歉，不但避免了一场麻烦的庭上问话，还得到了警察的宽容，彻底地解决了这个问题。

生活中，一个懂得及时承认错误的人，通常会给人坦诚、真挚的印象，即使犯了错误，也必定会比那些死不认错的人更容易得到他人的宽容，这在与人相处中有着极其重要的作用。

奥尔特·巴顿是美国著名的投资大师，当他的事业如火如荼的时候，却栽倒在一次十拿九稳的投资中，因为他的错误使家族损失一大笔资金。巴顿的家人和合伙人都没有过多地埋怨他，巴顿也很冷静，没有在错误出现的时候手忙脚乱，也没有推脱自己的责任，而是主动诚恳地向家人和合伙人道了歉，并且宣布"一定会惩罚自己，让自己记住这次教训"。

就在人们仍然深陷因这次投资失误造成的损失而痛苦不堪的时候，巴顿已经深入反省了自己的错误，冷静地找到了产生错误的主要原因以及避免下次犯同样错误的方法。

不久，巴顿又开始了下一次的投资活动，这时候，他的家人和合作伙伴都害怕他重蹈覆辙，非常担心他。但是大家的担心是多余的，巴顿很快用实际行动证明了这一切，他获得了投资以来最完美的一次成功。在接受记者采访时，他大声宣告："上一次错误的经验，其实给了我成功的希望。"

再看另外一个故事：

美国总统克林顿在性丑闻之后，一直遮遮掩掩，但是由于很多证据都显示这位总统并不是无辜的，民众们并不买账。没过多久，克林顿终于在事实面前认错。他发表了一场非常精彩的道歉演讲：

　　至于我身边的人都知道，几个月来我一直在努力思考如何更好地说服自己向美国人民承认自己的错误行为，同时可以保持我对总统工作的忠诚。

　　……

　　我希望美国人民知道，我深深地为我所做的所有错误言行深表遗憾。

　　我从来不应该误导国家、我的朋友或我的家人。很简单，我做了耻辱的事情。我一直在以严厉的话语谴责我的原告，这是不对的。

　　……

　　克林顿真诚的道歉赢得了大部分民众的原谅，在之后的听证会上，克林顿终于摆脱了被弹劾的命运，继续担任总统。

　　巴顿在投资中出现了失误，但他仍旧取得了家人和合伙人的原谅和支持；克林顿做错了事，最后仍旧获得了民众的谅解。他们之所以能够做到这些，是因为他们勇于及时承认错误，这种勇气和承担是人们所看重的。

　　做错事并不可怕，可怕的是不承认，可怕的是推诿。我们要有勇气及时承认自己的不足，敢于坦率地承认错误，只有这样才能取得别人的谅解，才不至于让自己的人际关系受到损失。所以，一个敢于及时承认错误，有责任感的人，会让人在心理上觉得非常可靠。

得理要饶人，凡事让三分

人与人之间难免会发生一些误会，一旦有了误会，谁都认为自己是对的，有的人常常得理不饶人，抓住别人的小辫子不放，指责别人的错误，以显出自己是占了上风的。古人说："得饶人处且饶人。"对别人宽容、大度是一种高尚的美德。得理要饶人，给对方一个台阶下是一种智慧；凡事让人三分，人生之路就会越走越宽。

小王和小李是公司的骨干，公司能运转到现在这两位的功劳是功不可没的。经理非常喜欢他们，但是小王和小李却很不合，总是在背后互相指责对方，两个人水火不容，互相视对方为敌人。

一天，小王的电脑打不开了，里面有很重要的东西，他一边焦急地摆弄着电脑一边说："完了，这下完了，下午就要交设计稿了，如果打不开的话，那下午在设计研讨会上我就死定了。"这话让小李听到了，小李想：虽然小王这个人平时总是跟我对着干，但我也有错，今天下午的设计研讨会很重要，小王的设计很好，平时的设计都能为公司增光，何况今天是多家公司一起参展设计，少了小王是不行的。小王的设计能被选上的话对我也有帮助，再说了，这也是可以化解我们之间矛盾的机会，我们都是为一个公司效力的，都是为公司着想，想要在这个公司长久干下去的话，还得要有好的人缘，而小王也并不是真正的敌人，他可以成为朋友。

于是，小李朝着小王走了过去："我来看看吧，如果你相信我，就交给我好了。"

小王看到小李今天那么热情还有点摸不着头脑，他正在想是怎么回事，这时小李已经把电脑修好了。小王感激地连说谢谢，小李笑了笑说："朋友，好好干。"之后，小王和小李关系一直很好，小李向小王学习做设计，小王跟小李学电脑的相关知识。

小李以他的宽容大度化解了两个人的恩怨，最终两人成为了朋友，互相取长补短，互相学习。"君子贤而能容罢，知而能容愚，博而能容浅，粹而能容杂"，这是荀子的一句经典话语。君子之所以为君子，那是因为他们都有一颗能够宽容的心！

"人非圣贤，孰能无过？"善待别人也是善待自己，给别人一条路也是给自己一条路。只要对人对事都有宽宏大量之心，生活中便能减少一些不愉快的事情发生。明智的人知道在能抓住理的同时给对方一个台阶下，即使对方是你的敌人，那么他们也会对你心存感激之情的。给别人一个台阶，就是给自己留条后路，只有胸怀坦荡、为别人着想的人才会给别人一个台阶。给别人一个台阶下，往往是给自己的人生道路上增添了一位朋友。

与人交往有很多技巧，得理饶人也是其中之一。生活当中往往有些人觉得自己很有道理，看到别人出错的时候便揪住别人的缺点进行"狂追猛打"，别人知道自己错了，有的人还要不依不饶。

得理也要饶人，这样的做法就是大智，知道给对方台阶下，才能避免以后的灾难发生。

当有人想要为难你时，你揪住了对方的"小辫子"，你因为一时气愤而去当面指责对方，这是不明智的选择。智者是懂得得理饶人的，是知道给对方留台阶下也是为了给自己留条后路的。

将对手变成合作伙伴，实现双赢

混迹职场多年的人都有这样的体会：初到一个新的工作环境，会感到所有的人都对自己很好，大家一团和气，然而时间久了就会发现，看似平静的办公室里却"暗波汹涌"，大家各自心里都在较着劲，打着自己的小算盘，将其他人看成是自己的"对手"。非要争个"你死我活"，看看到底谁才是赢家。

特定的环境中，很容易形成一种对立的关系。因为人们已经习惯于用竞争来获取自己的利益，实现自己的价值。这种"单打独斗"的"英雄主义"其实非常危险。一旦陷入这种局限，就很难找到自我发展和突破的出口。每个人都有自己的长处，同时也有欠缺的地方。对峙的双方能够打破"狭路相逢"的僵局，放下身段，采取合作的姿态，才是最好的交际之道。这里面包含着博弈心理学中的一个重要的原理——猎鹿原理！

启蒙思想家卢梭在其著作《论人类不平等的起源和基础》中描述了这样一个故事：

一个村庄中住着两个猎人，他们都靠上山打猎维持生计。山上的主要猎物是鹿和兔子。照常规来说，他们每天单独行动，每人能猎获 4 只兔子。但是如果他们采取合作狩猎的方式，那他们每天就可以共同捕获一头鹿。单纯从解决食物问题的角度考虑，单独行动一天的收获是 4 只兔子，可以供一个人吃 4 天；而合作的话，收获是一头鹿，两个猎人平分一头鹿，那可供每人吃 10 天。对于这两个猎人，他们的行为决策从博弈论的角度分析就形成这样的一个模式：

1. 分头行动打兔子，那么结果是得到的食物每人可以吃 4 天；

2. 如合作猎鹿，那么得到的食物，每人可以吃 10 天；

3. 一个人去抓兔子，而另一个人去打鹿，那前者收益则为 4，而后者将一无所获，收益为 0。

很明显，合作的好处是远远大于单独行动，单独行动时最好的结果无非是各自的努力都有预期的回报。

一起"猎鹿"的好处比单独"猎兔"的好处要大得多。所以，合作才是一种令资源最大化、利益最大化的模式。权衡利弊，两人自然会不约而同地选择一起"猎鹿"。

越国人甲父史和公石师各有所长。甲父史善于计谋，但处事很不果断；公石师处事果断，却缺少心计，常犯疏忽大意的错误。两个人交情很好，常常一起某事，且总是能顺利成事。

后来，由于一些小矛盾，两人关系破裂。各自行事的甲父史和公石师再也没有了那种如鱼得水的感觉，在各自的政务中屡遭败绩。

幸亏此时一个叫密须奋的人站了出来，他很痛心地规劝道："有一种鸟，一个鸟身，长着两个头，但是它们却彼此妒忌、互不相容。两个鸟头饥饿起来互相啄咬，其中的一个睡着了，另一个就往它嘴里塞毒草。然而，即便是一只鸟头吞咽了毒草，两个鸟头都会因此而一起死去。它们谁也不能从斗争中得到好处。……北方有一种肩并肩长在一起的'比肩人'。他们死一个则全死，同样是二者不可分离。现在你们两人与这种'比肩人'非常相似。只是，你们和'比肩人'的区别仅仅在于，你们是通过事业联系在一起的。既然你们独自处事时连连失败，为什么还不和好呢？"

甲父史和公石师听了密须奋的劝解，都恍然大悟，说："如果不停止这种关系破裂的局面，我们还会因单枪匹马受更多的挫折！"于是，两人言归于好，重新在一起合作共事。

任何人想要取得一定的发展和成功，就要明白合作的重要性。对于任何人或者是任何企业来说，无论是在哪一方面有专长，或者已经取得了某些成就，仅凭单独一方的力量想要到达成功的顶峰是非常困难的。所以，当两个人、两个团队或者两个企业形成对峙的局面时，不妨找到可以合作的契机，建立在合作中获得双赢的模式。

合作不仅可以避免失败，减少过多的损失，更重要的是能达到双赢的局面。但是，想要获得双赢，就要知道怎样的合作才能达到这种状态。在合作的时候既要保持合作的态度，还要遵循合作的原则，懂得合作，更善于合作，才能在合作中实现互利共赢。

　　小闫和小赵同在一家高端家居品牌店工作。小闫阅历丰富，非常善于观察顾客，并且很容易和顾客聊到一起；而小赵则对商品各种属性了如指掌，不仅如此还具有很专业的家居搭配知识。这两个人同时进入公司，并被销售主管认为是最有潜力的两个员工。

　　经过一段时间的锤炼，小闫和小赵都能够独当一面。但是小闫在专业知识上始终欠缺，因此而丢了一些本该属于自己的客户；而小赵为人虽然诚恳，做事也很细致，但性格上太过"一根筋"，要在待人接物上面得到很大提升也不是一时半会能做到的。但是由于他们俩业绩相当，总是被放在一起进行比较，无形中就成了对立的关系：小闫觉得小赵死板，学生气。小赵则觉得小闫圆滑世故，没有真本事。就这样，他们形成了一种对峙的局面。

　　销售经理了解到这种情况后，建议他们多了解对方，在销售的过程中放弃单打独斗，采取互相帮助、取长补短的合作模式。比如，当对方接待顾客的时候，就主动过去帮忙，弥补对方的不足；针对不同性格的客户，两人可以商定让谁"出击"，并且事后一起总结成功的经验，分析失败的教训。小闫觉得要合作的话，自己必须拿大部分的酬劳，因为他认为自己口才比小赵好，付出得更多。然而，这样的条件让小赵无法接受，于是他们之间的合作就这样泡汤了。

　　销售经理则觉得这个合作方法很好，为其他销售人员进行了"合作配对"。一段时间以后，公司中其他采取合作机制的销售员都取得了比以往好得多的成绩；而小闫和小赵虽然都很优秀，但在销售成绩上却并没有太大的进步。

合作双方有能力高低之分。"猎鹿原理"中的两个猎人，如果能力并不是相当的，那么能力强、贡献大的那个猎人自然就会要求得到较大份的猎物，否则两人的合作就难以达成。另外，能力弱的一方也会要求大于单独行动时的收获，否则没有合作的必要。很多时候，两个个体的合作无法建立其实就是源于对利益的期待过高，损害了对方的利益导致的。

亚当·斯密在他的《富国论》里曾经说过："我们的晚餐并非来自屠宰商、酿酒师和面包师的恩惠，而是来自他们对自身利益的关切。人类的欲望是经济上最根本的东西，人类动机是经济成长的基础。"所以，合作有一个前提，必须能够使合作的任意一方得到比没有合作的时候更多的利益，如果这个前提条件被满足，大多数人会选择合作的方式。全世界公认的最会做生意的是犹太人，而犹太人之所以成功，很大一部分就是因为他们主张"一笔生意，两头赢利"。也就是说，作为合作的一方，决不能只考虑自己的利益，还要顾全合作方的利益，两者兼顾，合作才能形成和继续。

将"讨厌鬼"变成好朋友

身边有一些很刻薄、很不友好的人，是一件很让人头疼的事情，因为这些人，你的生活和工作都会受到影响。这些人就好像鞋里的沙子，衣服上的头发一样，让人浑身不舒服。

有人的地方就有摩擦和矛盾，出现各种摩擦和矛盾是很自然的事情。遇到难以相处或讨厌的人，难免会产生抵触情绪。但是这种情绪不会给我们带来丝毫的帮助，相反，抵触情绪经过积累，还会让你变得性情暴躁无常，最终会被你表露出来，并传递给对方。不管你是有意的还是无心的，你们的关系将变得更加尴尬。

某培训机构的露易丝最近感到特别压抑，起因是机构中从外地来了一位课程指导老师，这个老师比她大不了几岁，但却非常强势，常常对她指手画脚。

尽管大家都觉得这位新来的老师是个很有能力的人，而露易丝却不认为这位新老师的能力比自己强多少。露易丝对这位新老师的讨厌，这位新老师也渐渐感觉到了，后来发生了一些鸡毛蒜皮的小摩擦，最后，两人居然成了天天见面却连招呼也不打的"陌生人"。而露易丝身为下属，在这种情况下，自然讨不到任何好处。

抵触情绪会令你无法专心做事。认识到了这一点，你要努力去做的就是消除这种情绪，如果你能让你身边的"讨厌鬼"和你成为朋友，那就是最好的结果！一位官员曾批评林肯试图跟政敌做朋友，对此，林肯温和地回答说："化敌为友，难道不就是在消灭敌人吗？"

然而，如何让那些"讨厌鬼"喜欢你，和你做朋友呢？

首先，你可以尝试增加接触次数，这是培养好感的一个好方法。只要通过接触次数的增加就可以逐渐消除双方的抵触情绪，产生好感，这叫作"单纯接触效应"。

我们总是容易对和自己离得较近、跟自己交流的多的人产生好感。有时可能第一印象不太好，但通过反复多次接触，却会渐渐发现他的优点，从而让讨厌的情绪消除。

另外，"讨厌"和"喜欢"都会膨胀。当某个人有一点点令你讨厌，你就会渐渐觉得他越来越讨厌，甚至整个人都很讨厌，看他哪里都不顺眼。这种心理效应叫作"喇叭效应"。而当你觉得某个人有一点讨人喜欢之处，那么这种喜欢就会随着时间的推移得到强化，以至于到最后，他"整个人都令你喜欢"，他做的什么都让你感到满意。这种心理现象叫作"哈罗效应"。

所以，当你不喜欢对方时，只要利用"单纯接触效应"和"哈罗效应"，你就能慢慢喜欢上对方。

心理学研究也表明，"讨厌"其实是一个很主观的情绪，两个人互相不喜欢，并不见得是对方有什么过错，或者说我们自己哪里不好。那些使我们"出于本能地去抗拒"或者"无论如何也喜欢不起来"的人，也有可能和我们成为莫逆之交。

其实相对于"讨厌"来讲，"喜欢"一个人的感觉更让人愉悦。所以我们更愿意自己是喜欢某个人的。试想，当你对某个人产生厌烦情绪时，你是否会努力去改变这种不良的情绪？答案是肯定的，你可以利用一些心理学手段来使对方喜欢上你，同时使你喜欢上对方。先从小事做起，渐渐培养喜欢的情绪。

人际关系是有"弹性"的，而不是一成不变的静态事物。在每一次与对方接触中，双方都在不断搜集对方的信息，形成对彼此的抽象认知。通过多次接触与交流，你与对方相互了解的程度会不断提升，关系的弹性也就越大，即使交往中偶尔出点小状况，也会因为"弹性"而慢慢恢复。

还有，你要让对方知道你对他产生了好感。一旦我们发现别人喜欢我们，我们也会相应地喜欢对方。所以，你必须让对方知道你是喜欢他的。

将好感传递给对方最好的方法，是设法让第三个人将你的好感传递给对方，这比直接向对方展示你的内心要有效得多，说服力也更强。比如，通过你们共同的朋友的转述，让对方知道你对他很欣赏，很尊重。这样对方会更加相信你是真心欣赏和尊重他。

让别人对你由讨厌到喜欢还有一个很神奇的方法，那就是请求别人帮你做一件事情。这在心理学上叫"富兰克林效应"。

富兰克林总统年轻的时候，曾经倾其所有投资了一家小印刷厂。当时，他特别想揽下为议会印文件的差事。然而议会中有一个重要的议员对富兰克林抱有成见，还曾公开斥骂过他。富兰克林的计划似乎是无法成功的。

然而，富兰克林决心让对方不再讨厌他。

打听到此人的图书室里藏有一本非常稀奇而特殊的书，富兰克林就给对方写了一封便笺，内容大概是请求对方把那本书借给自己读几天，自己非常希望能一睹为快。很快，对方就叫人把那本书送来了。

一个星期后，富兰克林将书还给了对方，并且附上一封亲笔信，表示了自己诚恳的谢意。

结果在富兰克林的意料之中，经过这次的借书行为后，他们在议会里相遇时，对方居然开始主动跟富兰克林打起了招呼，并且表现得极为有礼。不仅如此，在以后的日子里，他对富兰克林的任何事都十分乐意帮忙，他们真的变成了很好的朋友。

富兰克林所运用的"请求别人帮忙"的心理办法非常有效。"善待过某人一次之后，某人便会想要更多地对他好。"富兰克林这样说。如果别人什么事都不来拜托你，你便会觉得莫名的寂寞，甚至觉得自己没有获得他人的认可。但是，一旦被别人依赖，就会变得很开心，收获一种成就感。根据这一效应，如果有人与你敌对或对你抱有反感，你应向他提出请求，从而把他变为你的伙伴！

最后还有一点需要谨记，别人喜欢你，并不是因为他对你有什么感觉，而是因为你让他对自己产生了什么样的感觉。所以，如果你能让他觉得舒适自由，收获一种成就感，那么，你和他就有可能成为真正的好朋友。

只有不合适的"价码"，没有"收买"不了的人心

化敌为友，甚至从此成为知音，自然是一种最成功的交际智慧，然而，人心难测，不是所有的人最终都能成为我们的朋友。但是，每个人都会有自己的"软肋"，只要你找对了，即使不能让对方成为你的朋友，但起码可以"收买"对方的心，让对方成为你的伙伴。

古人有云：动人心者莫过于情。情动之后心动，心动之后理顺。"收买"人心的本质其实就是让对方感动。所以，想让对方对你折服，首先要从情感上令他感动。其实想要"收买"人心并不难，关键是你出的"筹码"多不多，是不是足以打动对方。

一位名叫布鲁特的卖砖商人，由于另一位对手的商业竞争而陷入困境。对方在他的经销区域内定期走访建筑师与承包商，告诉他们：布鲁特的公司不可靠，他的砖块质量不好，生意也面临即将歇业的境地。

布鲁特对别人解释说，他并不认为对手会严重影响到他的生意。但是这件麻烦事使他心中生出无名之火，真想将对手大骂一通。

有一个星期天早晨，布鲁特去听牧师讲道。牧师讲道时说：要施恩给那些故意跟你为难的人。要以德报怨，化敌为友，而且牧师举了很多例子来证明他的理论是正确的。

布鲁特牢牢地记住了每一个字。就在上个星期五，布鲁特的竞争者使他失去了一份25万块砖的订单。但是，当天下午，他在安排下周的日程表时，发现他的一位住在弗吉尼亚州的顾客，正因为盖一间办公大楼需要一批砖，而所指定的砖型号他们公司没有，却与他的竞争对手出售的产品很类似。与此同时，那位满嘴胡言的竞争者完全不知道这事。

是遵从牧师的忠告，让给对手这次生意的机会，还是按自己的意思去做，让对方永远也得不到这笔生意呢？布鲁特感到左右为难，在内心挣扎了好一段时间，牧师的忠告一直盘踞在他心头。

最后，也许是因为很想证实牧师是错的，他拿起电话拨到了竞争对手的家里。接电话的正是那个对手本人，当时他拿着电话，难堪得一句话也说不出来。布鲁特还是礼貌地直接告诉他有关弗吉尼亚州的那笔生意。

结果，那个对手很是感激布鲁特。后来布鲁特得到了他意想不到的结果，他的对手不但停止散布有关他的谣言，而且还把他无法处理的一些生意转给布鲁特做。布鲁特与对手之间的阴霾也风清云散。

当然，这是一种双赢的处理策略，最后对手还成了布鲁特的朋友和生意合作伙伴。但有的时候，局面却不像我们期待得那样美好，有一些故意让你难堪的人，他们不会因为你的示弱或是退让而停止自己的行为，相反还可能会变本加厉，这个时候，你同样可以施加"恩惠"给他，但是却要"绵里藏针"。

台湾著名作家刘墉曾写过这样一个故事：

著名的主播麦克因为自己火红的人气，便不把台里的任何人放在眼里，包括总经理，而他和新闻部经理的矛盾尤其尖锐，经常与其唱反调。

为了对抗领导，麦克还经常拉观众出来说事，因为他是全国最高收视率节目的王牌主播，观众就是他的后盾。也正是由于此，总经理一直不敢开除他。

这一次总经理的忍耐力终于到达了极限，因为麦克居然在公开场合让自己难堪。于是，总经理施加给麦克一个大"恩

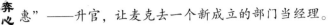

惠"——升官，让麦克去一个新成立的部门当经理。

从主持人跳到了部门经理，麦克可谓是鲤鱼跃龙门。虽然不再播报新闻，但是目前职位高、薪水高，而且负责策划一个更大的新闻性节目，对此他自己也很满意。众人更是惊讶于总经理的不计前嫌。

麦克出国考察了三个月，带着成箱的资料和满腔的抱负，准备大展宏图。只是新闻性节目必须向新闻部借调影片，但一到新闻部，东西就被卡住了。原来，他的顶头上司没有总经理那么宽大的心胸。

麦克告到总经理那里，总经理并不给予实质性解决，一年后，这个新部门给公司没有带来任何收益，无奈之下被彻销了。媒体和公司成员纷纷指责是麦克的管理不当造成的。

麦克向总经理申请回去播报新闻，但是总经理却说："恐怕暂时不行，新的主播表现不错，观众的反应不比你当年差，你还是先做做内勤，慢慢来，看经理给不给你机会。"听到这话，麦克不得不选择了辞职。

当我们遇到别人故意让我们难堪的时候，首先要选用的当然是布鲁特的施恩方式，但是如果对方依旧不依不饶，必要的时候像那位总经理学习，施加一份裹着炸药的"恩惠"也未尝不可。

第六章　人际博弈：
优质人脉是用心经营出来的

———————— ❧ ⋯•⋯ ❧ ————————

　　人际关系是社会人群中因交往而构成的相互依存和相互联系的社会关系。人是社交动物，每个个体都有自己独特的思想、背景、态度、个性、行为模式和价值观，然而人际关系对于每个人的情绪、生活、工作有很大的影响，甚至对团体气氛、团体沟通、团体效率和个人与团体之间有着极大的影响。因此，人际关系不容我们忽视。

人际交往的最佳距离

俗话说："距离产生美。"不错，在日常生活中，我们都需要有自己的私人空间，这也就意味着自己要与别人之间保持一定的距离。这时，有人可能会问："一定距离这个概念太笼统了，具体多少才算合适呢？"在这里，我们可以拿社交距离为例。

在社交距离中，空间距离是最为典型且最为重要的。早就有科学研究表明，社交的最佳距离为 0.5 米到 1.5 米之间，表现为伸手可以握到对方的手，但不会轻易地接触到对方的身体。但是，如果双方有人不"服从"这样的"规矩"，那么彼此之间很可能遇到人际博弈中的"纳什均衡"。

何为"纳什均衡"呢？事实上，它指的是一种博弈的情形：参与博弈的每个人都从利己的角度出发，选择对自己最有利的策略，而忽略其他参与者的利益，其结果可能使全体都不能获得那个最大利益。简单来说，"纳什均衡"也就是一种维持某种平衡的策略。而我们也可以看出，这种策略应用在人际交往中，也是十分恰当的。在双方或者多方交往时，如果某一方出现后退，或者贸然靠近，那么势必会让另一方或者几方产生不舒服的感觉，从而导致双方或多方的关系破裂，各自成营。

所以，在人们的交往中，只有遵守"纳什均衡"，才不至于让彼此陷入尴尬的境地，保持一定的距离，可以让人宏观地认识对方。但我们必须要注意的一点是，人际交往的空间距离并不是一成不变的，它具有一定的伸缩性，这依赖于具体环境，比如社会地位、文化背景、性格特征等等。

曾经有一位心理学家做过这样一个有趣的实验，在一家图书馆刚开门的那一刻，他就守候在门口等待着第一位读者来借阅。很快，就有一位年轻人来查阅资料。当年轻人刚刚坐下，这位心理学家也拿了一本书坐到了离他座位不远的地方，起初那位年轻人只是抬头看了他一眼，并没有什么其他动作。没过几分钟，这位心理学家起身又拿了另一本书，这一次他坐到了离那位年轻人更近的地方，并且试图和年轻人说几句话，但从眼神中可以看出，那位年轻人的感觉并不是很好。就这样，心理学家反复了几次，坐的位置离那位年轻人越来越近了，最后那位年轻人不得不起身离开了。

同样的实验，他做了将近80次，结果证明，在只有一个人或者两个人的空旷图书馆，没有一个人能忍受一个陌生人的靠近。

这一事例直接地证明了在人际交往中的纳什均衡：保持一定的距离，对维护双方的关系有很大的好处。但社交中我们要如何巧妙地做到与人保持距离呢？

首先，我们要做到彼此欣赏，互不干涉。在遇到你欣赏（这里的欣赏的对象可以是同学、长辈、上司等）的人时，如果你想让双方的关系维持好，或者更进一步，一定要做到这一点，不要过多干涉对方的生活。

其次，要学会尊重隐私，礼貌对人。一定要注意维护彼此的隐私，隐私就是不希望别人知道的地方，所以千万要保留一些空间。

此外，还要礼貌对人，微笑着和别人相处。这样，你们彼此之间的关系才会达到一个平衡。

人际交往中的互惠原理

在遇到别人的求助时，我们常会有这样的心理："这事儿，反正力所能及，即使麻烦点也能搞定，不如送他个顺水人情，指不定咱将来也有要劳烦人家的时候。"由此看来，给人以人情，也是种善因得善果的行为。倘若能为，何乐而不为？这也是利用了人际交往中的"互惠原理"。

所谓"互惠原理"，即人们在收到对方"好处"时，会试图以相同的方式给予回报。比如替对方背了"黑锅"，对方会将这份恩情铭记在心，下次在适当的时候会给我们以援手……

互惠的情况常常是我们无意中受到了别人的恩惠，就会怀抱"负债感"，试图以后有机会回报给对方。可这"负"的是什么，要"还"的又是什么呢？这就是"人情债"。我们常说的"知恩图报"，大致也有这层意思在里面。

维克多家经营着一家食品店。这家食品店被建立于数十年之前，名声非常响亮。维克多的父亲死后，维克多成为了该食品店的经理。他希望能通过自己的努力，使得食品店不断发展壮大。

一天晚上，维克多正在食品店里收拾东西。他打算比平时早一些关闭店门，因为第二天他将会带着妻子去度假。就在他忙碌的时候，突然看到店外站着一个年轻的流浪汉。那个流浪汉穿着破破烂烂的衣服，双眼深深陷到眼眶里，脸上没有一丝血色。可以看出，他已经很久没有吃过东西了。

维克多是一个乐于助人的人。他停下手里的活儿，走到那个流浪汉面前，说："年轻人，我能帮你做点儿什么？"

那个流浪汉用带着浓重的墨西哥口音的英语说："请问这里是维克多食品店吗？"

"没错，这里正是维克多食品店。"

流浪汉非常羞涩地小声说道："我是墨西哥人，来到这里本来打算找一份工作，可是我找了整整两个月，都没有一家公司雇佣我。我父亲年轻时也曾来过美国，他对我说，他对你的商店印象深刻，因为他在这里买过东西。看，这顶帽子就是在你的店里买食品的时候送的。"说着，他指了一下头上戴着的那顶十分破旧的帽子。

维克多看了那顶帽子一眼，发现确是从自己店里送出去的，因为帽子上那个被污渍弄得模糊不清的"V"字型符号正是自己商店的标志。

流浪汉继续说道："我从家里来到美国时，就只带了一点儿钱。我一直没有找到工作，钱都已经花光了。现在我已经好几天都没有吃过东西了，而且连回家的路费都没有了。我想……"

维克多明白了这个年轻人的意思。他十分清楚，自己面前的这个年轻人只不过是多年前一个顾客的儿子，自己并没有义务为这个年轻人提供帮助。可是，他觉得自己不能这样无情。于是，他把这个年轻人请到店里，准备了很多食品，让年轻人填饱肚子。

年轻人吃过饭后，精神状态好了很多。维克多与他攀谈起来。他们很谈得来，很快就成了好朋友。为了帮助年轻人回国，维克多还主动拿出一笔路费。

几十年过后，维克多食品店取得了很大发展，在美国很多地方都建立起分店。为了让生意做得更大，维克多打算把连锁店开到国外。可是，由于在国外没有根基，开店的风险非常高。因此，他一直没有做出最后的决定。

后来有一天，他突然收到一封从墨西哥写来的信。写这封信的人就是他多年前救助的那个流浪的年轻人。现在那个流浪的年轻人已经今非昔比。他自己开了一家大公司，每年都赚很多钱。他给维克多写信，希望对方到墨西哥与他一起发展事业。

接到信后，维克多的顾虑一下子就打消了。在这个年轻人的帮助下，他把连锁店开到了墨西哥，事业向海外发展的计划迈出了坚实的第一步。

试问，如果维克多没有为那个流浪的年轻人提供帮助，并与之结为朋友，那么他又怎么会轻易地把连锁店开到墨西哥去呢？可见，互惠原理在人际关系中的重要性。

李科大学毕业后去了南方一家小公司工作。在这家公司里，他负责帮助老板处理一些文书工作，整理一些材料。虽然他每天都忙得不可开交，但是只能拿到很少的工资。

由于李科省吃俭用，仍旧存下了一些钱。当他准备用这些钱装修家里房子的时候，他的好朋友黎华给他打电话，说自己想要到美国发展，急需一部分钱。李科看黎华比较着急，就把自己的钱借给他了。

黎华非常感激李科，他到美国没多久，就积攒下了钱，把借的钱还给了李科。两人时常聊天，关系更胜以往。

几年之后的一天，黎华给李科打电话，说他回国了，打算找几个关系不错的同学一起吃顿饭。李科很想念黎华，所以马上答应了下来。吃饭时，李科提起来自己的事业，唉声叹气。因为他辞了职，想要创业，但是试了两三个行业，都以失败告终，非常苦闷。

这时候，黎华说："你提到创业我想起来一个点，很多城市里都有很多自动售货机。这种机器不需要人看守，而且一天 24 小时都可以出售商品，随着时代的发展，这种售货方式具有很多优点，会越来越普及。我原本是准备告诉我的亲戚，看他们谁有兴趣做，现在既然你也在创业，你就做吧！需要什么信息，我帮你查！"

听完黎华的话，李科对这种自动售货机产生了浓厚的兴趣。他想到：将来这种自动售货机一定会遍及乡镇农村，目前南方地区还很少有公司经营这种自动售货机，所以经营自动售货机的前景将会一片光明。而且，这项生意并不需要太多本钱，我为什么不尝试呢？

想到这里，他又向黎华详细询问了相关问题，黎华也给他找了足够详尽的资料，还帮他做市场调查。最后，李科下定决心经营自动售货机。他从亲朋好友手中借来钱，之后买来几十台自动售货机，设置在一些人流量大的公共场所，之后便开始用自动售货机卖饮料、报纸杂志等商品。结果，自动售货机在第一个月就为他带来一百多万元的利润。此后，他又用这些钱购买了数十台自动售货机。半年过后，他不仅还清了所有欠款，还净赚了一千多万。

李科在短时间内获益千万，主要得益于他从朋友黎华那里得来的信息，并根据信息进行投资。如果没有从黎华口中得到这个信息，他可能依旧迷茫，终无所获。

在管理人际关系的过程中，要想让对方主动对你提出帮助，就可以利用对方的"负债感"。但其前提是，我们要在适当的时候，对对方施以援手，这份人情会让对方牢记于心。在我们需要帮助的时候，对方自然会想着尽可能地对我们提供帮助。

亲和力可以让你广结人缘

在交际交往中，人们往往会因为彼此间存在着某种共同之处或近似之处，从而感到相互之间更加容易接近。而这种相互接近，通常又会使交往的对象之间萌生亲切感。交往对象由接近而亲密、由亲密而进一步接近的这种相互作用，就是心理学上的"亲和效应"。

张女士经营着一家化妆品公司，生意做得风生水起，下辖好几个门店，员工近百人。她能够有今天的成绩，是从化妆品推销员一步步做起的。由于此前在销售上做了许多年，更能理解一线员工的不易。所以，她当上老板后，非但没有摆老板的架子，反而与员工打成一片，视她们如亲姐妹，谁家有个困难或者出现意外情况，她都会第一时间冲在前面，与当事者一起共渡难关。然而，作为老板，张女士也有自己的底线，就是不允许公司内的员工用其他公司的产品。对于这一情况，下属表示理解，并给予配合。让人没想到是的，新来的前台小周却破坏了"规矩"。那天，小周补妆后，没有及时将自己的化妆品收起来，恰好被张女士看到。

小周刚到公司，同事就给她说了老板不喜欢员工使用其他公司的化妆品。小周发现被老板看到后，吓得赶紧把化妆品收了起来。张女士走到小周身边，把一只手搭在她肩膀上，微笑着用轻松的口气说道："美女，你使用的化妆品不是我们公司的吧？"小周浑身汗毛直立，不住地点头称是，心想："这次被老板逮个正着，挨批是小事儿，说不定……"想到这里，小周不敢想下去了。

出乎意料的是，张女士并没有冲小周发火，而是抬起手拍了拍她的肩膀，什么也没说，转身离开了。更让人想不到的是，第二天，张女士将一套化妆品送给了小周，说："其实我们公司的化妆品不比其他公司的差，你先试试，假如在使用过程中出现不适或皮肤过敏，请及时告诉我。"

张女士的行为，让小周非常感动。她在使用一段时间后，将自己的体验告诉张女士。

这件事之后，公司所有的新老员工都有了一整套本公司生产的适合自己的化妆品和护肤品。张女士还告诉员工，以后员工在购买公司的化妆品时可以打折。张女士亲和的态度，友善的语言，使她自然地与员工打成一片，成功地给员工灌输了她正确的经营理念。可见，亲和力易于消除人与人之间的隔膜，进而使传达者有效地把自己的思想传递给被传达者。

显然，张女士是一个具有亲和力的女士，这让她赢得了下属们的好感。

人与人之间的交流中，亲和力是最重要的。我们在建立和谐人际关系时，千万不可把自己束之高阁，对周围的人爱搭不理，或是瞧不起某些地位比较低的人，我们应学会善待别人，尽量做到亲切温顺，让别人觉得你是个随和可亲的人，这样你就更能融洽地和别人相处。如果你想成为一个有亲和力的人，就应该对所有人一视同仁，用甜美的微笑去感染周围的每一个人。如果要做到这些，我们可以从以下几方面着手：

1. 像对待亲人一样对待周围的人

我们生活在一个复杂而又充满友爱的社会里。所谓复杂，就是每一人都有自己的想法和对问题的看法；所谓友爱，则是指每一个人都有爱心，也都有愿意奉献自己爱心的可能。如果你能将他人当作亲人一样对待，那么他人也会把你当作亲人一样去对待。

2. 让对方从内心里笑起来

只有让别人从心里接受你，别人才能喜欢你。因此，你可以对别人微不足道的优点予以夸奖，或是向别人赠送他喜爱的礼物，再或是与别人聊天时多说说小笑话……这些都能增进你与别人之间的亲密度，并给别人留下好印象，提升你的亲和力。

3. 利用暗示指出别人的缺点和不足

对于别人的缺点和不足，大声地宣扬出来对你来说可没有什么好处，即使你是一番好心也会遭人厌恶。因此，当要指出别人的缺点和不足时，你不妨通过含蓄、委婉的暗示方法。这样不但能减少生活或工作上的摩擦和不快，还会使你与别人之间的关系变得更加和谐。

4. 利用赞美拉近彼此距离

任何人都喜欢听赞美之词，因此良好关系的建立和保持一定离不开真诚的赞美。所以，你要学会用欣赏的眼光经常去赞美身边的人。

5. 学会用沟通打开别人的心扉

大多数情况下，人们对事物的认识常常只停留在自己的理解层面上，在发表自己的想法时很容易忽视或排斥别人的意见。因此，你要想提高自己的亲和力就要学会多与别人沟通，多了解别人的想法，这样才能拉近彼此间的距离。

6. 对处于困境中的人要伸出援手

人的一生不可能一路顺风顺水，总会经历这样或那样的困境。

当你身边的人处于困境之中时，及时伸手帮他们一把，他们会对你心存感激，并对此念念不忘，继而会对你产生强烈的良好印象。

7. 差错效应可以让别人觉得你易于接近

你偶尔犯一些无伤大雅的小错误，不但不会让人觉得你愚蠢，反而会让别人更愿意接近你。因为不会犯错的"圣人"总是给人高高在上的感觉，而常常犯小错的"凡人"则会给人一种亲切的感觉。

通过细节赢得人心

在保持和谐人际关系的过程中，有很多细节问题，有时候有些细节看似不起眼，不值得注意，但是往往正是因为这一点而造成了自己的失败，给别人带来伤害。所谓"千里之堤，溃于蚁穴"，小小的漏洞足以造成巨大的损失。所以，处理人际关系时，一定要注意细节问题，把小事做好，以避免给自己和别人造成伤害。

在与人交往的过程中，除了在大的原则上不出错误以外，更要注重细节的问题。一个眼神，一个表情，一句不经意的话，都可能让别人看起来或者听起来很不舒服，给别人造成心理的伤害，甚至会严重影响一个人的人际关系。

小王是一个很有能力的年轻人，大学刚毕业就到一家有名的企业去应聘营销经理，如果应聘成功，他将会得到年薪 15 万元的酬劳，这对一个毕业生来说已经很难得了。所以小王十分努力，竭尽全力在众多应聘者之间"左冲右杀"，一路过关斩将，从一百多位优秀的应聘者中脱颖而出，最终获得了被公司总裁接见的机会。

那天，小王很激动地走进总裁办公室。但是总裁不在，只有一位年轻漂亮的女秘书，女秘书微笑着对小王说："先生，您好，总裁不在，总裁让您给他打个电话。"于是小王掏出手机，准备拨通号码。但是就在这时，他看见办公桌上有两部电话，就问那女秘书："我可以用一下电话吗？""可以。"女秘书微笑地回答。小王拿起桌上的电话，拨了总裁的号码。总裁在那端兴奋地说："小王啊，我看了你的简历，了解了你的答辩情况，的确很优秀，所以我们决定聘任你为我们的营销经理，欢迎你加盟本公司。"

听到这个好消息，小王高兴得快跳了起来，第一个反应就是要将这个好消息与他的女友分享。但是女友出差去了国外，用手机打会花很多话费。这时，小王又看了看办公桌上的两部电话，心想：我都快是公司的人了，他们是大公司，不会在乎一点儿电话费吧？于是便拿起电话，给女友打。

小王的电话还没有打完，总裁就打了另一部电话，叫小王说话，"对不起，小王，刚才我的话宣布作废。通过监控，我看到了你的表现，很抱歉，你没能闯过最后一关……"总裁在电话里温和地对小王说。

"为什么？"小王呆呆地问。

女秘书惋惜地摇摇头，叹道："唉，许多人和您一样，都忽略了一些微小的细节。在没有成为公司正式员工之前，明明身上有手机，却要用公司的电话。"

一个微小的细节使小王失去了一个很好的工作，在人际交往当中，特别要注意这个问题，有时候你认为无所谓的事情，正好体现出一个人的修养和素质。从心理学角度来看，要想让别人喜欢你，让你的人际关系变得更加稳固，不妨从交际细节入手，让对方以小见大，在心中对你产生一个良好的心理效应。然而，针对细节，我们该从哪些方面入手呢？

1. 注意他人的语言

多注意周围人的语言，记住它，这可能是你和对方以后交谈的谈资。有些话语并非金科玉律，并非掷地有声，但足以可以让我们了解言者的性格特点、语言习惯、个人喜好、成长背景等，这些都可以为我们的交谈提供"素材"。有些话语虽说过了，不多久，言者可能就会忘了，这种随意的话语很有"文章"可做。比如，当有一天你说："你曾说过……至今我还记忆犹新。"对方一定会因为受到你的重视而高兴万分，认为你是一个细心的人，一个非常关心他人的人。如果你不但记住他人"随意"的话语，而且还能按照他"随意"的话语（前提是正确的）去做，那效果就会更加显著了。

一天，小张高高兴兴地给老李送去一大包家乡的特产豆干。送去时小张说："我刚从老家回来，把以前答应送你的家乡特产捎来给你。"经小张这么一说，老李才恍然想起，半年前两人一起喝酒时，小张曾说过，"我们家乡的特产五香豆干，味道棒极了"，而老李当时接着开玩笑说："既然这样，等你回老家探亲的时候也给我捎一包尝尝吧！"

实际上，这只是他的一句玩笑话，说完也就忘了。等到小张真的把豆干送来了，老李便感动得不得了，两人间的心理距离也会随之大大缩短了。

2. 同样的事情不同的做法

在某大型市场，有一位售货员非常受顾客的欢迎，经他手卖出的商品要比其他售货员多得多。这是因为他很注意售货时的细节。比如，人家要买一公斤的糖果，他总是抓0.9公斤左右上秤，然后再一颗一颗地添，直至足秤为止。而其他很多售货员采取完全相反的方式：先粗暴地拿出超过一公斤的货品上秤，再"残酷"地一点一点地往外拿……

显然，这位优秀售货员的做法令人感到愉快，同样是称货品，他就能在心理上给人一种宽慰。这就是关注细节的问题。

3. 关注他人的"细微变化"

要知道，没有人会拒绝被人关心，也没有人会对关心自己的人产生排斥情绪，就看你是否愿意去关心别人。所以，要想赢得好评，就需要你适当地对别人表达出自己的关心，而这更需要你从细微之处发现可以关心对方的"理由"。如果你发现对方穿戴、容颜等方面的细微变化，最好能立刻指出。如果对方换了条新领带，你可以说："这条领带你第一次戴吧，真配你，在哪儿买的？"

还有，比如对方孩子生病了，你花点时间、买点东西去看望，他一定会愉快地接受你的关心，从而对你产生好感。特别是女性，尤其注意自己的穿戴，一旦有人注意到了她服饰的变化，她定会感到由衷的欣喜，这时你们之间的距离也随之拉近了。

交际中，任何两个人如果不用提示，马上就能发现对方的微小变化，并且能够真诚地道出的话，他们之间的关系肯定会非常融洽。所以，人们万不可在交际对象身上粗心大意，应处处留心对方的细微小事。

注意此类的交际细节，就是在润滑每日生活的齿轮，从而使你事事顺意。注重细节也是为你插上腾飞的翅膀，从而助你成功。修饰你的交际细节，就是锦上添花。请重视细微之处吧，里面大有交际文章可做！

多注意一些细节，从细小处完善自己，温暖别人。比如，与别人交谈时，你不妨高兴时就扬起眉毛，严肃时就瞪大眼睛，有疑问时就率直询问，听完后简要复述。这样的话，你就会给人留下头脑灵活、擅长交际的好印象。如果你说话节奏适中，举止动作稳重大方，那么就会给人气度不凡、从容镇定的印象。对于别人的邀请，如果你能拿出笔记本，认真地记下约会的时间和地点，那么别人就会认为你是个办事一丝不苟的人。这些都是交际细节，因为你加以修饰和完善，所以完善了你的交际形象。小处不可随便，也是让别人喜欢你的一大重要心理策略，这很可能关系到你能否获得成功。做到注意和修饰自己的交际细节，你就能利用细小之处赢得人心！

有点小缺点比完美更可爱

社会心理学家阿伦森曾做过这样一个实验：

他让所有参加实验的人听一段录音，录音的内容是四位选手在一次竞争激烈的演讲会上的演讲。在这四位演讲者中，第一个人很有才华，在讲话的过程中没有任何失误；第二个人也很有才华，但在讲话过程中碰翻了杯子；第三个人才华一般，但在讲话过程中没有出现失误；第四个人才华也一般，而且在讲话过程中碰翻了杯子。然后，阿伦森让大家从这四个人的演讲中选出自己最喜欢的人。

虽然第一个人最出色，但他并不是最受人们欢迎的人，人们反倒喜欢有才华并在讲话的过程中碰翻杯子的人。

人们更喜欢有点小缺点的人，为什么呢？这是因为一般人与完美无缺的人交往时，总难免因为自己不如对方而有点自卑。如果发现精明人也和自己一样有缺点，就会减轻自己的自卑，感到"安全"，也就更愿意与之交往。试想，谁会愿意和那些容易让自己感到自卑的人交往呢？所以不太完美的人更容易让人觉得可亲、可爱。

因此，善于管理人际关系的人首先会承认自己并不完美，然后去追求完美。遗憾的是，很多人做不到这一点，他们喜欢在自己的朋友面前吹嘘自己的完美，自己的优点。他们不知道，其实没有人喜欢过于完美的人，因为过于完美就远离了真实的生活，这会让他们在不知不觉中与他人产生距离。如果一个人处处都追求给别人留下完美印象，只会造成与别人之间心理上产生生疏的结果。

有位伟大的雕塑家，他的艺术造诣是如此的高超，以至于让人几乎难以将他的雕像作品同真人区分。有一天，医生告诉雕塑家他已经病入膏肓，即将死亡。雕塑家非常伤心，他开始害怕——就像所有人一样，他也想要避免死亡。他静心思索，最后想到一个方法——他做了 11 个自己的雕像。当死神来敲门时，他屏住呼吸，藏在那 11 个雕像中间。

死神感到困惑，无法分辨出面前哪一个才是雕塑家！

"到底怎么回事？12 个一模一样的'人'？现在，该带走哪一个呢？"死神无法做出决定，带着困惑，踌躇良久。

又过了很久，死神想到了一个办法——他对着面前的 12 个"人"说："先生，一切都非常完美，只有一件小事例外。你做得非常好，但你忘记了一点，所以仍然有个小小的瑕疵。"

雕塑家完全忘记自己要躲起来逃避死神的事。他跳了出来问："什么瑕疵？"

死神笑着说："抓到你了！这就是瑕疵——你无法忘记你自己，世间根本没有完美的东西！走吧！"

从心理学角度来说，"完美"是一种极端的追求。值得注意的是，那种完善自我，健康地追求完美，并且在努力达到高标准过程中体验到快乐的人，不是完美主义者。心理学上的"完美主义者"是指那些把个人的理想标准和道德标准都定得过高，不切实际，而且带有明显的强迫倾向，要求自己去做不可能做到的事的人。我们须知，人生有许多的不完美，千万不要抱怨，苦苦去追寻不完美中的完美，而失去你触手可及的快乐。

商场上，为防止别人洞察到你的内心，你就必须处处谨慎，不可暴露你的目标和理想，要适时"贬低"自己，做出胸无大志的表象来"迷惑"对手，展现自己不完美的一面，让对手对自己"放心"、对自己不设防，以免你将来受制于人或被其算计。秦朝的大将军王翦就颇谙其中之道。

在秦始皇统一六国的过程中，大将王翦为秦国立下了汗马功劳。秦始皇担心王翦功高震主，就在攻打楚军时有意重用将军李信。王翦自然知道其中缘由，于是以生病为由告老还乡。后来，李信的军马被楚将项燕打败，李信本人音信全无。秦始皇只好放下架子，亲自去请王翦再次出山。为了表示对王翦的信任，秦始皇亲自赶到灞上为王翦饯行。这时，秦始皇心里对王翦掌握重权这一点还是有所顾虑，并在言谈之间流露出这种顾虑。

王翦为了打消秦始皇的顾虑，就开口向秦始皇索要了许多田宅。秦始皇疑惑地问："将军就要上战场了，为何突然开口向我求财？"

王翦回答："身为将军，即便有功也不能被封侯，所以臣想在

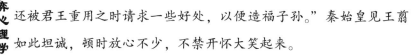

还被君王重用之时请求一些好处，以便造福子孙。"秦始皇见王翦如此坦诚，顿时放心不少，不禁开怀大笑起来。

到了边关之后，王翦又几次派人回都向秦始皇索要良田。有人觉得这么做有失妥当，就向王翦进言："将军，您这么强请硬求，未免有些过分吧？"

王翦语重心长地回答："不然，秦王疑心重重，现将全秦士兵都托付于我，我若不多请求一些田产，他便会怀疑我别有所图。"

王翦在接受重大任务时坦诚地向秦始皇请求田产，既表明了他有信心完成任务，又表明他只是贪图物质利益，而对皇权并不感兴趣，从而打消了秦始皇的疑虑。

在处理人际关系的过程中，当我们被别人嫉妒或防备时，可以让对方先看到我们的能力，然后再自然地妥协。事实上，隐"优"暴"缺"，成全别人的好胜心，是一种处世的艺术。这样可以使处境不如我们的人保持心理平衡，对我们敞开心扉，这更有利于我们取得别人的信任，更有利于我们做事。

得人心者，善于"共情"

共情也叫同理心、同感、共感等，它是一种设身处地地从别人的角度去体会并理解别人的情绪、需要与意图的能力，简言之，就是换位思考的能力。懂得共情既是一种态度，也是一种能力。

作为一种态度，它表现为对他人的关心、接受、理解、珍惜和尊重；作为一种能力，它表现为能充分地理解别人，并把这种理解以关切、温暖、得体、尊重的方式表达出来。按照我们常人的说法就是"换位思考，将心比心"。

懂得处理人际关系的人都有着很强的"共情"能力，通常能够"读懂"他人，了解他人的感受，知道感受产生的原因及其强烈程度。能做到这些的人，通常被认为是具有很好的洞察力的人。无论在工作场所，还是社团和家庭，这种积极的共情意识对培养和维持真挚持久的人际关系至关重要。因为共情可以使我们更准确地了解他人，更有针对性地为他们提供帮助，更顺畅地与他人交流与沟通，因而也就更容易建立良好的人际关系。

李明是国内一所名牌大学的高才生。毕业后，他凭借自己的实力进入一家国企工作。由于专业基础扎实，又勤学肯干，李明在工作中并没有遇到什么实质性的困难。但是，只有一点让李明心里不痛快，那就是李明所在团队的经理总是跟他过不去。经理并没有在他人面前对李明恶语中伤，也没有刻意为难李明，就是每当他们团队接项目时，经理总是和他唱反调，李明说东，经理偏说西。这让李明心中起了一个不大不小的疙瘩。

这次，李明所在的团队又接了一个项目。在新项目的讨论会上，同事纷纷提出了自己的建议，只有李明默不作声。下班后，经理主动约李明一起吃饭，想请他谈谈对新项目的看法，可李明还是一言不发。经理感到很奇怪。不过，想了一会儿之后，经理笑了。对此，李明感到很奇怪。

这时，经理开口了："李明，你是不是有顾虑？"李明抬起头惊讶地望着经理。经理笑了一下，继续说道："如果我是你，我也会有顾虑。"这下，李明更奇怪了。他目不转睛地望着经理。

这时经理慢慢地开了口："自从你来到这个团队之后，每次只要一做项目，我们两个人就会出现分歧。可能更令你郁闷的是每次的方案总是以我的意见为主，你的建议似乎得不到重视。所以，这次项目你就不发言了。其实，如果换成我，我也会有这样的想法。来企业工作不光是为了养家糊口，还要能实现自己的职业理想。我的建议不被采纳，那我怎么能接近我的职业理想，发挥我的个人价值呢？我当然会不高兴了。所以，下班后我才特意想和你沟通一下，看看你对这次项目有什么想法。"听完经理的话，李明心里的委屈消失了大半，和经理讨论起新项目的规划来。

为什么李明前后的态度会变化这么大呢？就是因为经理巧妙地运用了"共情"的方法，消除了李明心中的顾虑。从经理的话语当中，我们不难看出他不是站在自己的立场上去揣度李明的想法，而是真心真意地站在李明的立场上来考虑问题。

请大家想一下，如果你是李明，几次的提议都不被采纳，你还会在新项目的研讨会上发言吗？大多数人都会给出否定的答案。所以李明的经理非常明智，适时地站在李明的角度上去考虑问题，才发现了问题的症结。他及时调整了自己的工作方法，从而使李明再次充满信心地投入到新项目的研发中来。

善于"共情"者就是对他人投入自己的情感，让他人感到欣喜，从而被他人所接纳。然而，我们在维护人际关系时，该怎样培养共情能力呢?

1. 怎么想

设身处地、以己度人,这是人际交往中战无不胜的法宝。设身处地站在他人的角度去体会并理解他人的情绪、想法和需要,进而满足他人的需要,就很容易与他人建立良好的人际关系。一个能换位思考的人,肯定是一个人际交往的高手;一个能换位思考的企业,肯定是能赚钱的企业。

格罗培斯是世界上著名的建筑大师。他从事建筑研究 40 多年,攻克过无数建筑方面的难题,在世界各地留下了 70 多处精美的杰作。1971 年在伦敦国际园林建筑艺术研讨会上,他的迪士尼乐园的路径设计被评为"世界最佳设计"。那么这个设计到底有什么特点呢?

原来,在迪士尼乐园主体工程完工后,格罗培斯决定暂停修筑乐园里的道路,并在院子的空地上撒上草种,然后宣布乐园提前试开放。半年后,乐园里绿草茵茵,草地上也被游客踏出了不少宽窄不一的小路,非常幽雅自然。格罗培斯根据这些行人踏出来的小路铺设了人行道,这就是后来被世界各地的园林设计大师们评为"幽雅自然、简捷便利、个性突出"的迪士尼乐园小路。当人们问格罗培斯,为什么会采取这样的方式设计迪士尼乐园的道路时,格罗培斯说了一句很经典的话:"艺术是人性化的最高体现。最人性的,就是最好的。"格罗培斯的设计之所以能获得世界最佳设计奖,就是因为他做到了设身处地地为游客着想。

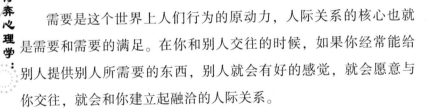

　　需要是这个世界上人们行为的原动力，人际关系的核心也就是需要和需要的满足。在你和别人交往的时候，如果你经常能给别人提供别人所需要的东西，别人就会有好的感觉，就会愿意与你交往，就会和你建立起融洽的人际关系。

　　2. 怎么说

　　（1）态度：当我们与人交谈的时候，要做到表情温和、神情专注、音调柔美、语速适当。这些非语言信号传达出来的信息有时比语言还有力量。这样的态度给人的感觉就是你是友好的、和善的、可以继续交往的。

　　（2）内容：首先，要让对方能听得进去，这就是我们常说的从让对方说"是"开始。如果一开始谈话就话不投机，那后边的话题还没有展开，你们的交往可能就终止了。

第七章 生存法则：
把控心理才能赢得主动

从某种意义而言，人生就是一场博弈，与自己博弈也与他人博弈。一个人要想成就自我，就必须有洞察他人心理的能力，并能熟练地将这些能力运用到实践中，只有这样，才能成为人生舞台上勇敢的战士，并最终赢得胜利。

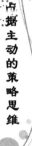

把优势变成生存的资本

博弈的本质就是人与人之间采取合作还是非合作的方式，无论选择哪种方式，其目的只有一个——趋利避害。

现代社会讲究的是一切都要公平。但事实上可能吗？在市场经济条件的制约下，不同的商品，价值相差悬殊，其价值与使用价值也存在着不一致，而这不一致必然是通过"等价交换"的规律来实现不等价的交换，或者说形式上的等价交换只是实质上的不等价交换。在出现这种矛盾而特殊的不等价交换规律中，弱者的选择是：要么在这种局势下想尽办法让自己的损失降到最小，要么就此灭亡。当然，出于人的本能，博弈的目的往往是前者。那么，从中我们可以看出，是合作还是不合作，选择不是固定的，不过尽可能减少损失，则是不变的处世原则。

其实，从博弈论来说，无论古代还是现代，矛盾都是存在着的，面对现实，我们可以尽量减少自己的损失，做出最有利于自己的选择。

在三国鼎立的局面结束之后，西晋司马氏统一了中国。可是两晋的政权并不稳固，在经过连年的战乱后，地方割据力量的残余势力依然存在，司马氏皇室子弟之间的权力斗争也十分激烈，其中颇有势力的是东海王司马越。几十年后，司马越终于联合其他藩王，发动了内战，以争夺皇帝的宝座，史称"八王之乱"。可是，因为藩王们的内讧和北方的匈奴与羯胡的趁机侵略，北方陷入了战争的浩劫之中。

最终北方被匈奴和羯胡占据，司马越也战死了。

当时，西晋司马氏皇族在战争中死伤过半，幸存的皇族纷纷准备渡过长江逃避战乱。其中，琅琊王司马睿势单力薄，在渡江之前只想着如何避难自保，并没有考虑渡江之后的计划。可是他作为皇族的幸存者，还是具有一定的政治号召力的，于是，王氏家族的精英人物——王导和王敦兄弟二人便准备扶持他做渡江之后的皇帝。王氏家族在当时晋朝的影响力是不容忽视的。

王氏兄弟见国家危难，本想在政治上有所作为，但是苦于自己既不是司马氏皇族，又不是手握重兵的大将，所以有心无力。直到发现落难的皇族司马睿，王氏兄弟便想借助他的皇族身份，复兴大业。

王氏兄弟和司马睿接洽之后，说出了他们想要辅佐司马睿做皇帝并恢复西晋基业的想法。司马睿自然是大喜过望，甚至有点感动，与王氏兄弟一拍即合，开始了司马氏和王氏的亲密合作。

渡江之后，王氏兄弟马上按照承诺提高司马睿的声势。三月初二这一天，按照当地的风俗，百姓和官员都要到江边去祈福消灾。这一天，王导让司马睿坐上华丽的轿子到江边去，前面有仪仗队鸣锣开道，王导、王敦和从北方来的大官、名士，一个个骑着高头大马跟在后面，排成一支十分威武的队伍。这一天马司睿的声望大振。

江南的士族地主从自家的门缝里偷偷向外张望，他们一看王导、王敦这些有声望的人对司马睿这样尊敬，大吃一惊，怕自己怠慢了司马睿，一个接一个地出来排在路旁，拜见司马睿。

这样一来，司马睿在江南士族地主中的威望就提高了。王导接着就劝司马睿说："顾荣、贺循是这一带的名士。只要把这两人拉拢过来，就不怕别人不支持我们。"司马睿派王导上门请顾荣、贺循出来做官，顾荣、贺循两个人都高兴地来拜见司马睿。司马睿殷勤地接见了他们，封他们做官。从此，江南大族纷纷拥护司马睿，司马睿在建康就站稳了脚跟。

北方发生大乱以后，北方的士族、地主纷纷逃到江南来避难。王导又给司马睿出谋划策，劝说他多吸纳优秀人才。

经过这样的一番经营，王氏兄弟最终联合各大家族，推举琅琊王司马睿登上皇位，是为晋元帝，从此建立了偏安东南百余年的东晋王朝。晋元帝登基的那天，还发生了一个戏剧性的故事：王导和文武官员都进宫来朝见，晋元帝见到王导，从御座上站了起来，把王导拉住，要他一起坐在御座上接受百官朝拜。这个意外的举动，使王导大为吃惊，因为在封建社会，这是绝对不允许的。王导忙不迭地推辞，他说："这怎么行？如果太阳跟普通的生物在一起，生物还怎么能得到阳光的照耀呢？"王导的这一番吹捧，使晋元帝十分高兴，晋元帝也不再勉强。王氏家族从此便更受重用。

从此，虽然是东晋皇帝司马氏做名义上的天子，但是掌握实权的却是拥立他的王氏兄弟，司马睿对王氏兄弟极为尊敬，甚至上朝时宰相王导没有入座自己都不敢坐在龙椅上。

历史上在这一时期有一个说法——"王与马，共天下"，也就是司马氏和王氏共同主宰朝政的意思。但是人们只看到司马睿对王家兄弟的尊敬和畏惧，却并没有看出这种情况出现的原因——王家兄弟拥有政治上的实力和社会上的地位，司马睿虽然是皇帝，但各个方面都无法与王家相比。王家与司马睿之间虽然名为君臣，但实际上司马睿处于明显的劣势，是这场博弈中的弱者，如果司马睿对王家兄弟稍有不敬，则可能被推翻，从而皇位不保。所以在博弈中，双方都需要借助对方，利用自己的优势换取更好的生存条件。

积极情绪的神秘力量

皮格马利翁效应源自于古希腊神话中一个美丽的传说。传说中，塞浦路斯国王皮格马利翁性情孤僻，常年一个人生活。他非常喜欢雕刻，在雕刻中度过了漫长的时光。

某天，皮格马利翁用象牙雕刻心目中女神的形象。雕刻出来的女神栩栩如生，美丽动人，连他自己也情不自禁地爱上了这个美丽的雕像。于是，皮格马利翁每天都要对着雕像倾诉爱慕之情，和雕像谈起了恋爱。时间一天一天过去，爱神阿佛洛狄忒被皮格马利翁的真情感动，赋予了雕像生命。最后，皮格马利翁就为这位活过来的雕像取名为伽拉忒亚，并娶她为妻，从此过上了幸福的生活。

此后，心理学家将通过赞美、信任、期许等积极情绪使愿望成真的现象称为皮格马利翁效应。

为了验证这个效应的真实性，美国著名心理学家罗森塔尔和雅格布森找了一所小学进行实验。他们随机抽出了300名学生进行智力测试，接着又在这300名学生中随机抽出50名学生，并在私下请校方转告这些学生，他们是测试中智力最出色的学生。

3个月后，罗森塔尔和雅格布森又来到学校为这300名学生进行智力测试。结果发现，受到暗示、肯定、鼓舞的学生的表现远远优于另外250名学生。此外，这50名学生在生活上还发生了一系列变化。他们变得积极乐观，善于和人交往，甚至变得更加自信。

15年后，罗森塔尔和雅格布森又对这300名学生进行跟踪调查。结果发现，没有受到肯定暗示的250名学生里有3位担任知名企业的高级管理人员，而受到肯定暗示的50名学生里却有3位成为出色的企业家，5位成为高级管理人员。

为此，人们还私下找到了当年一位智力排名靠后却当上了知名企业家的学生。当心理学家告诉这位学生，当年他的智力测试排名其实靠后的事实，结果这位学生感到不可思议。他说："这怎么可能！这么多年来，我一直都觉得自己很好。即使面试遭到拒绝，工作出错，我都相信我的智力很好，总有一天会出人头地。甚至我觉得我走起路来都能感觉到一阵风。"

这就是皮格马利翁效应的神奇功效。当你对一个人投入了期许和赞美，那么人们就会因为受到鼓舞而向着积极的方向发展。

"老公，麻烦你去拖地。"

"老公，我觉得你的力气非常大，由你来拖地肯定能把地拖得很干净。你看那里好脏，我总是没办法把污渍去除掉。"

这是两句不同的话，表达同样的目的——希望丈夫能帮忙干家务。可是，生活中，很多妻子会因为省去麻烦而选择说第一句话。通常，我们会习惯地、简短地要求对方去做某件事。结果，我们会发现对方常常不情愿地帮我们干某件事甚至直接拒绝。

某天，一个男人的前妻和现任妻子坐到了一起聊天。前妻关切地问现任妻子："你累坏了吧，那男人可是条大懒虫。"现任妻子疑惑地说："不会啊。"前妻不相信她的话，认为她是在为前夫作掩饰，便说："怎么可能，我就是因为干家务这事跟他争吵不休才离婚的。对于他的懒惰，我实在忍无可忍。"但现任妻子表示男人是个勤快的男人。

前妻还是不相信，提出要秘密观察的请求，现任妻子想了想，也就答应了。于是前妻躲在房间的衣柜里秘密观察男人下班后究竟有没干家务活。

结果，不可思议的现象发生了。男人拎着大袋小包的菜回到家里。刚进门，男人就对妻子说："宝贝，你快来看，我买了很多特价菜。"这个时候，男人的妻子也翻开袋子，对男人说："天哪，亲爱的，你太厉害了，怎么能买到这么多又便宜又好的食物呢！"

男人非常得意，就对妻子说："你赶快到厨房做一顿丰盛的晚餐吧，我来拖地。我要让你瞧瞧什么叫作能照镜子的地面。"于是，男人的妻子乐呵呵地跑到厨房里准备晚餐，男人就挽起袖子开始拖地。

这时，躲在柜子里的前妻泪流满面地走出来，说："天哪，我怎么不知道你有这么勤快的一面。"

其实，男人的现任妻子只是在无意中巧用了皮格马利翁效应。这位聪明的妻子通过不断地赞美和期许，让男人按照期许的方向去改变。男人每次从事妻子夸奖的事情，都期望能干得比妻子期许的还要好。他会想："我要让你瞧瞧，我能买到更多又便宜又好的食物，我能拖出比昨天更干净的地。"

这样批评和拒绝会更有效

生活中，常常会遇到这样的事情：某个穿了新衣服的朋友走到自己面前问衣服好不好看，其实，对方明显想要得到肯定的答案。那么这个时候，我们如果觉得不好看，就会陷入两难的选择。

如果忠于自己的本意实话实说，那么对方就会不高兴了；如果违心地说些恭维的话，自己的心里又不舒服。究竟有没有办法可以解决这种尴尬，能让人们准确地表达内心的想法又不伤害到朋友？

美国第 30 任总统约翰·卡尔文就用了一个睿智的方法来批评他粗心的秘书。某天，约翰·卡尔文看到秘书小姐穿了一套新衣服，非常漂亮。于是他对秘书小姐说："您穿这套衣服非常漂亮。这套衣服就是为您这种漂亮、干练的小姐所准备的。而且，我也相信你能把你的公文处理得像你一样漂亮。"

在赞美中夹杂批评，就像涂抹肥皂水后刮胡子一样，在减轻别人伤害的同时，也能有效地激励和鼓舞别人。心理学家将这种现象称之为"肥皂水效应"。

肥皂水效应的产生源自于人们内心对赞美的渴望。当人们听到外界的赞美就会产生愉悦的情绪。这个时候，再用委婉的语言来指出对方的不足之处，那么就会变成一种激励和鼓舞。

很多时候，人们会问他人想先听好消息，还是先听坏消息。英国心理学者曾为此做过一项调查，结果发现 70% 以上的人选择先听好消息。因为当听完好消息后，人们再听坏消息，就会发现坏消息的"坏"程度减弱了。

从某种程度上来讲，这也是一种先入为主的心理效应。当人们听到好的消息、美好的赞美后，印象会停留在积极的一面，于是再接收到不好的消息、批评就不会觉得那么难受了。因为人们的心情和印象还是停留在之前的感受里。

因此，当你的好朋友询问你衣服好不好看的时候，你不妨实话实说，但是要注意一点技巧。你可以用这样的说法："你穿这件还蛮不错的。喂，我觉得如果你穿黄色或者白色的裙子会更加好看，因为你的皮肤真的很白。"瞧，这样就解决了你的两难问题。

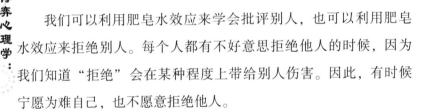

我们可以利用肥皂水效应来学会批评别人，也可以利用肥皂水效应来拒绝别人。每个人都有不好意思拒绝他人的时候，因为我们知道"拒绝"会在某种程度上带给别人伤害。因此，有时候宁愿为难自己，也不愿意拒绝他人。

不过，如果你懂得肥皂水效应，那么也许你能在不伤害对方的前提下拒绝对方的要求。

1896年，美国麦金利竞选总统的时候，共和党里一位重要的党员绞尽脑汁为麦金利撰写了一篇演讲稿。这位党员觉得自己写得非常精彩，就兴致勃勃地跑到麦金利面前，亲自把这篇演讲稿朗诵了一遍。他激动地圈出里面自认为精彩绝伦的句子，越说越兴奋。

可是麦金利却觉得这篇稿子有些不合适，他想拒绝这位热心的党员，却又害怕会伤害他的自尊心，打击他的热情。

于是，肥皂水效应就上场了。麦金利思考了一会儿，对这位热心的党员说："我的朋友啊，这真的是一篇少有的、精彩绝伦的演讲稿。我相信在党内没有多少人能写得比您更加出色了。这样精彩的稿子，我想在许多场合里，应该是一篇非常难得的好稿子。从您的立场来说，稿子是合适的。如果从党的立场来考虑，是不是要重新修改一下呢？这样吧，您先回去，按照我刚才提的几点，再撰写一篇演讲稿送给我好吗？"

结果，那位党员真的重新写了一篇演讲稿送给麦金利，而那位党员也成为麦金利在竞选活动中最得力的助选员。

同样是拒绝的话，说得好，事半功倍，说得不好，事倍功半。因为受伤的心很难再去弥补。很多时候，人们说了一句令他人伤心的话，结果用十句温暖的话都无法挽回对方的心。因此，如何说出拒绝别人的话，是一门艺术。

在上面的故事中，如果麦金利先生直接拒绝，那么热心的党员就会感到受挫，说得更严重一点，甚至会产生报复的心理。那么也许最后，他就不会成为麦金利最得力的助选员，而是"阻"选员了。

求助对象要明确，避免责任分散效应

责任分散效应又称旁观者效应，是指对于某件事来说，如果是某人请要求完成任务，那他就会对此做出积极反应，积极完成；而如果要求一个群体共同完成一个任务，群体的责任感就会分散，个体的责任感就会变弱，面对困难往往会退缩。向人求助也是一样，求助的时候，不妨直接对对方说"就只有你能帮我了"，这样求助的效果会更佳。

美国曾发生过这样一宗命案，一个名叫朱诺比白的年轻女子在回家的路上遇刺。她绝望地大喊救命，附近的住户纷纷亮起了灯，吓跑了凶手。但不久后，凶手又返回作案，灯光同样吓跑了凶手。当她认为无事，上楼时，凶手又出现了，将她杀死。在整个过程中，尽管她大声呼救，她的邻居中至少有38位到窗前观看，但无一人来救她，甚至无一人打电话报警。

这一案件引起整个社会的轰动，心理学家们对这种"见死不救"的行为进行了一系列的研究，并做出解释。他们让72名不知真相的参与者分别以"一对一"和"四对一"的方式与一假扮的癫痫病患者保持距离，他们之间可利用对讲机通话。当癫痫病患者大声呼救的时候，那些一个人守候一名癫痫病患者的组，有85%的人冲出工作间去报告有人发病；而那些四人同时守护一名癫痫病患者的组，只有31%的人采取了行动。心理学家把这种现象称为"责任分散效应"。

日常生活中我们也可以看到，那些乞讨者往往不是站在一个地方博取路人的同情，而是走到某个路人的面前，请求其施舍一些零钱，而被请求者很少能够拒绝或者无动于衷。而当你向朋友求助时，帮你的人越多，越帮不到最实质的地方。

心理学家们对于此类行为进行大量研究后认为，其原因在于当一个人遇到紧急情况时，如果只有一个人能提供帮助，那么这个人会清醒意识到自己的责任，如果他选择不帮忙就会产生罪恶感、内疚感，需要付出很高的心理代价，所以往往选择进行帮忙；而如果有很多人在场，求助的责任就会分散到大家身上，每个人分担的责任较少，甚至忽略了自己的那份责任，就会产生"我不帮助也会有人帮助"的心理，而造成"集体冷漠"的现象出现。

针对这一现象，当你需要帮助的时候，一定要向一个具体的人开口请求帮助。比如，你太忙了，希望某个人能够帮你检查你刚刚整理好的资料，与其说"谁能帮我看看资料啊"，不如直接向比较空闲的某个人说"你能帮我看一下这个资料吗"。对于这样具体针对某个人的小请求，一般人是不会拒绝的。

俗语说："一个和尚挑水吃，两个和尚抬水吃，三个和尚没水吃。"如果你向过多的人求助，就会陷入这样的绝境，最终没有人会真正帮助你；而如果向一个具体明确的人提出最明确的要求，对方就容易答应。

某个顾客因为售后服务问题寻求帮助，但是遇到售后人员相互推脱，售后部门最后竟然让她明天再来。经过数次推脱之后，这位顾客厌烦了，指着刚想要推脱责任的职员说："你是不是这个公司的售后人员？你管不管售后问题？谁具体负责是你们之间协调的事，我是顾客，我只要最后结果。"这位职员又想推脱，却被顾客大叫一声："叫你们经理来，我要告诉他，你不能帮助顾客解决问题，就应当辞退。"这位职员一看顾客就认准自己了，没有办法只好帮助她把问题解决掉了。

这种情况在生活中是非常普遍的，就算向朋友求助也一样。如果你的朋友比较多，当你需要求人的时候，对方就可能推脱"看看别人能不能帮你"，而如果你强调一句"只有你才能帮助我"，对方答应的可能性就更大一些。

不要让"贝勃定律"操纵了你的感觉

小敏和丽丽是一对闺中密友，两人从小一起长大，感情好得胜似姐妹。而且，她们对待金钱、对待人生的态度，都非常一致。

情人节那天，两人的男友同时给她俩送来了玫瑰花。然而，面对同样的玫瑰，小敏和丽丽的反应却大相径庭。

面对男友递过来的玫瑰，小敏表现出的不仅仅是欣喜若狂，她的眼中，还闪烁着一种被呵护、被关爱的极度甜蜜。

相比之下，丽丽的反应则平静得多。面对那束娇艳欲滴的红玫瑰，丽丽浅浅一笑，就把它接了过来，眼里没有流露出感动与兴奋的神情。当被问到"情人节收到火红火红的玫瑰，觉不觉得很感动"时，丽丽回答说："其实没什么，我知道不少人收的是'蓝色妖姬'（价格更昂贵的蓝玫瑰）呢！"

为什么面对同样的玫瑰，小敏和丽丽的反应出现如此大的反差呢？是丽丽不够爱她的男友，还是她变虚荣了，变得更看重金钱和物质？又或者是，丽丽的男友表现得不够真诚？不然，就是小敏故意夸张地表现了自己的情绪？

其实都不是。之所以会产生这两种不同的结果，主要是因为丽丽的男友在情人节前的那两个月，每个周末都会送丽丽一束玫瑰花，而小敏的男友从来没有送过玫瑰花给她。

丽丽和小敏的反应都是非常正常的反应，它印证了一个社会心理学效应——贝勃定律。

贝勃定律说的是，当人经历过强烈的刺激后，之后施予的刺激对他来说也就变得微不足道了。

很明显，如果丽丽的男友不是一直都有送玫瑰花给对方的习惯，那么在情人节那天，丽丽的反应就会和小敏一样，喜极而泣。

在现实生活中，若仔细观察，就不难发现生活中无处不充满"贝勃定律"现象。比方说，在以前的很长一段时间，寄一封平信的邮票是8分钱。当邮票由8分涨到1毛2分时，人们议论纷纷，对这涨上来的4分十分敏感。可原本几千元的电视机涨了几十元，甚至上百元，没有谁会在意。

我们还常常看到这样的现象：母亲让孩子去做一件事，孩子没有反应；很少说话的父亲一发话，孩子便乖乖照办。原因其实很简单，是"贝勃定律"在起作用。母亲平时话多，孩子的反应也就迟钝了；父亲平时话少，说的话也就有了分量。

每个人对于自己身边的人，即使他们给予我们的太多太多，我们都不会有太大的反应，反而视而不见或者觉得平淡如水。而陌生人的一点帮助，却能让我们感激不已。这是为什么呢？还是"贝勃定律"在作怪。对于亲人朋友，我们对他们对自己的关爱习以为常，而且期望值很高。有时他们少了一丝关爱，我们就会对其恶言相向。对于陌生人，我们没有抱着多大的期望，因此，他们的一点点帮助，我们都会感动不已。

此外，生活中的其他事也可以说明"贝勃定律"无形的作用：

一个新人刚开始工作，在单位拼命表现，兢兢业业，然后因为一次迟到，周围人就觉得这个人开始变得懒散，前面的表现都是假的，对这个人的人品也提出质疑；另外一个新人，开始就显得一无是处，懒散不守纪律，慢慢熟悉之后，懂得了单位的规矩，仅仅能做到按时上班，大家立刻就会夸奖他的进步，表现越来越好，觉得这个人要求上进，比前者好很多。

看来，第一个人有点受冤枉，明明在辛辛苦苦地耕耘，却因为做错一件事而把前面的功劳全部葬送。而第二个人只不过做到按时上下班却受到了众人的称赞。这能怪谁，谁都怪不上，要怪只能是怪"贝勃定律"，因为是它"操纵"了人们的感觉。

运用"鸟笼效应"让对方"就范"

1907 年，心理学家威廉·詹姆斯与好友物理学家卡尔森结束了在哈佛的教学生涯后，他们常常结伴从事各种各样的活动以打发时间。

有一天，他们居然打起赌来了。詹姆斯信心满满地说："我有个办法，要不了多久就一定能够让你养上一只鸟。"听完詹姆斯的话，卡尔森哈哈大笑起来，他肯定地说："我从来就没有想过要养一只鸟，所以我是绝对不会养鸟的，你输定了。"

几天之后就是卡尔森的生日了，詹姆斯送了一只精致漂亮的鸟笼给卡尔森作为生日礼物。卡尔森知道詹姆斯还在记着上次打赌的事情，因此笑着说："就算你给我一只鸟笼，我也不会养鸟。不过，这只鸟笼挺漂亮，还很别致，我可以把它当成是一件工艺品，挂在客厅里以供欣赏之用。你还是放弃吧，因为我不会用它来养鸟的，你必输无疑。"

此后，卡尔森真的把詹姆斯送他的鸟笼当成工艺品挂在了客厅里，不过，他却没有意识到麻烦来了。自从把鸟笼挂在家中之后，只要家里来客人，就很容易看见挂在书桌旁边的那只空空荡荡的鸟笼，而且，大多数客人都会忍不住问卡尔森："教授，你的鸟笼怎么空了啊？养的鸟飞走了吗？"为此，卡尔森只好一次次不厌其烦地向客人解释："其实，事情不是你想的那样，我从来就没有养过鸟，这只鸟笼只是一个朋友送的工艺品罢了。"但是，每当卡尔森这样回答客人的时候，客人就会表现出非常困惑的神情，而且还有些人会用不信任的甚至是怀疑的目光看着卡尔森。渐渐地，卡尔森厌烦极了，再也不想为此事浪费唇舌向客人解释了。为了堵住客人的嘴巴，万般无奈之下，卡尔森不得不买了一只鸟放进了詹姆斯送给他的鸟笼中。就这样，"鸟笼效应"诞生了。

为了进一步说明"鸟笼效应"，我们可以再看一个事例。

约翰的太太朱莉是一位数学老师，思维严谨，形为古板。也特别爱干净，总是把家里收拾得干干净净、一尘不染。不过，朱莉缺少情趣，很少在家里摆放鲜花等物品。为此，约翰几次抗议家里缺少色彩和活力，但是朱莉却总是我行我素。一天，约翰买回来一幅漂亮的油画，画的内容是一个花瓶，花瓶里装满五颜六色的鲜花，非常绚烂。又过了几天，约翰买回了一个和画上的花瓶很像的大花瓶摆放在画的旁边。一天、两天、三天……约翰耐心地等待着。终于，一个多星期之后，约翰欣喜地发现朱莉买回来一束漂亮的鲜花插在花瓶里。自此，鲜花成了约翰家的"常客"，客厅里不但洋溢着花香，而且散发出生活的活力和气息。

在第一个事例中，詹姆斯教授通过送一个空鸟笼给卡尔森教授，成功地让卡尔森教授养起了鸟。"鸟笼效应"为人们揭示可一个很有意思的规律，在偶然得到一件原本不需要的物品时，为了这个物品看上去更加完美，人们会继续添加更多自己原本不需要的但是却与这个物品非常匹配的东西。

在第二个事例中，约翰正是因为深谙"鸟笼效应"的强大功效，在多次劝说无果的情况下，通过买油画先让朱莉学会欣赏装满鲜花的花瓶，然后再买一个空花瓶回家，从而成功地让朱莉主动地买了一束鲜花放在了花瓶中。这样一来，约翰不仅成功地避免了因为鲜花和太太闹不愉快，而且顺利地达成了目的，让太太主动地去买鲜花插在花瓶中，可谓一举两得。

在博弈的过程中，我们可以先给对方展现一个并不完美的事物，而这一事物是亟待被补充的，如此就可以激发对方想要使这一事物变得完美的欲望，待对方为这一欲望付诸行动时，我们就可以掌握先机，赢得主动。

过去的经验不一定可靠

博弈论中，有个著名的"酒吧博弈"，它是在 1994 年由美国人阿瑟教授提出来的，阿瑟是美国斯坦福大学的经济学教授。"酒吧博弈"问题是这样的：

假如在一个小镇上，有这样两个酒吧，它每天能容纳的人数是 60 人，当然。如果人们愿意挤一挤的话，可以容下更多的人，但很明显，这样会让以休闲为目的的人们变得不舒服。而这个小镇有 100 人，一到周末，人们的娱乐方式不是宅在家里，就是去酒吧消遣。对他们来说，只有酒吧人数小于或者恰好等于 60 人的时候，他们相处起来才最和谐，才能享受到最好的服务。

第一次，人们没有对去酒吧的人数作出估算，大部分人都去了酒吧，导致的问题是酒吧人数爆满，他们因没有享受到应有的乐趣而抱怨还不如不去。

第二次，在吸收了前一次的教训以后，很多人宁愿宅在家里，也不去酒吧娱乐，而事后，他们打听得知，这次去酒吧的人很少，于是，他们又后悔了：这次该去的呀。

"酒吧博弈"中，每个人都无法知道其他参与者的信息，他们只好根据过去的经验来预测未来，然而，最终的结果是，单凭过去的经验决定周末去不去酒吧并不可靠。其实，生活中我们在决策时，何尝不是如此呢？太过相信经验，我们只会限制自己的思维，甚至对事情判断失误。

英国学者贝尔纳曾说："构成我们学习最大障碍的是已知的东西，而不是未知的东西。"从这句话中，我们就能看出固有的经验、知识还有所谓的资历对人们求知的限制作用。不难发现，日常生活中，人们都会敬重那些经验丰富和资历老者，因为他们代表着权威，他们能为我们当下的困难给出具体的指导意见，然而，在积累经验的过程中，他们也会形成一些僵化、固定的思维。因为经验告诉他们："这样实行成功的概率没有百分百，那么，就不要浪费精力了。"于是，他们有时会放弃自己的想法，而那些敢于坚信自己判断力的"初生牛犊"则成了"第一个吃螃蟹的人"。我们先来看下面一个故事：

在美国加州，有一家老牌饭店——柯特大饭店。

曾经，这家饭店的老板准备制造一部新式电梯，他重金聘来世界各地的著名建筑师和工程师，他希望他们能一起完成这个任务。

不得不承认的是，这些建筑师和工程师们的经验是丰富的，他们根据自己的经验提出，要改造电梯，饭店就必须停止营运，而这一点，实在让老板很苦恼，这意味着饭店将要遭受经济上的损失。

老板问："难道就真的没有别的方法了吗？"

"是的，我们一致认为，再也没有比这更好的方法了，饭店要停止营运半年，对于经济上的损失，我们也很难过……"建筑师和工程师们坚持说。

就在老板为此头疼的时候，饭店的一个年轻的清洁工说出了一段惊人的话："难道非要把电梯安在大楼里吗，外面不可以？"

"多么好的设想啊！我们怎么没有想到呢？"工程师和建筑师听了，顿时诧异地说。

很快，这家饭店采用了年轻人的提议——屋外装设了一部新电梯，而这就是建筑史上的第一部观光电梯。

这位年轻的清洁工为什么能提出与众不同却又巧妙绝伦的解决难题的方法？因为他能跳出专家们的固定思维。的确，在建筑师和工程师们看来，电梯就应该安装在房间内部，却想不到电梯也可以安装在室外。

事实上，生活中很多人在解决问题的时候，都听从了内心所谓的"经验"的摆布。问题不在于他们的技术高低、学识多寡，而在于他们突破不了固有的思维方式。工程师和建筑师被专业常识束缚住了，而清洁工的脑子里没有那么多条条框框，思路很开阔，所以才会想出令专家们大跌眼镜的妙招。

曾有人这样说："你只要离开常走的大道，潜入森林，你就肯定会发现前所未有的东西。"要想摆脱传统观念和习惯思维的局限，就要鼓励自我打破思维禁锢，突破常规的路线，激活创新的意识。的确，现代社会，我们都强调要创新，任何重大成果的发现，都离不开创新意识的发挥。任何一个人都应该摒除生搬硬套和墨守成规这两点，学会突破，你才能有所收获。

要想做到这些，具体来说你需要做到：

1. 多思考，敢于提出质疑

思考是提出质疑、发现新问题的前提，也是帮助我们找到真理的唯一途径。许多非常成功的人，都是善于思考的。牛顿通过对苹果落地现象的质疑产生了关于重力的思想。爱因斯坦通过对太阳的质疑产生了关于相对论的思想。爱迪生因为最爱向老师问"为什么"而成为伟大的发明家。要知道，一个不善思考的人又怎么能否定固有经验和思维从而有所突破呢？

2. 大胆地说出自己的想法

你要敢于说出自己的想法，遇到问题要敢于打破常规，发挥自己的想象力，凡事没有标准答案，敢于提出不同的答案和见解，久而久之，你就能培养出不被经验束缚的习惯了。

3. 不要让知识经验束缚手脚，否定自己的能力

比如，在面对一项工作时，一个人如果对有关经验了解不深，他会说："做做看。"然后着手埋头苦干，拼命地下工夫，结果往往能完成相当困难的工作。但是有经验的人，常会一开头就说："这是困难的，看起来无法完成。"这实在是划地自限的行为。

当机立断，别在犹豫不决中丧失先机

当我们把两只斗鸡放在一起，一场斗争蓄势待发。假设这两只斗鸡都体型健壮，且有信心战胜对方，那么，势必会斗得难分难解；假设其中一只斗鸡既没有胜利的把握，也没有丢掉面子的勇气，那么，情况又会怎么样呢？很显然，这只斗鸡会陷入两难的境地，接下来，它会在前进与后退中犹豫不决，而最终，它会因此而把自己弄得精疲力竭，败在对手的蓄势待发中。

我们可以猜测的是，对于每一只斗鸡来说，都可以选择进或者退，这两种策略都可以算是最优策略，唯有犹豫不决最不可取，它会让一只斗鸡既丧失主动权，又白白耗费了精力，那最终，它只有挨打的份了。

其实，无论做任何事，犹豫不决都是执行力差的表现，都会让我们失去有利的时机，一个执行力强的人通常都能当机立断，无往而不利。我们先来看下面一个故事：

法国哲学家布里丹养了一头小毛驴，每天向附近的农民买一堆草料来喂。这天，送草的农民出于对哲学家的景仰，额外多送了一堆草料，放在旁边。这下子，毛驴站在两堆数量、质量和与它的距离完全相等的干草之间，可是为难坏了。它虽然享有充分的选择自由，但由于两堆干草价值相等，客观上无法分辨优劣，于是它左看看，右瞅瞅，始终也无法分清究竟选择哪一堆好。于是，这头可怜的毛驴就这样站在原地，一会儿考虑数量，一会儿考虑质量，一会儿分析颜色，一会儿分析新鲜度，犹犹豫豫，来来回回，在无所适从中活活地饿死了。

小毛驴在两堆充足的草料面前，却落得个饿死的下场，真是令人匪夷所思。可见，迟疑不定不仅对做出正确的行为无丝毫的帮助，还会延误时机，甚至酿成苦果。而实际上，除了动物以外，人类似乎也在犯这个幼稚的错误。尤其是那些自我意识不强的人，他们总会因为周围人的一些所谓的建议而踯躅不定，而最终，他们也和这头小毛驴一样一无所获，甚至付出沉重的代价。

的确，有时候，当需要我们执行的时候，当断不断，必受其乱。为人行事，必须坚决果敢，当机立断，一旦决定下来就应该马上去做，如果前怕狼，后怕虎，只会白白丧失很多机会，考虑太多只会造成"竹篮打水一场空"的后果。生活中的我们，也应该记住这个道理：只要是自己认定的事情，绝不可优柔寡断。犹豫不决固然可以免去一些做错事的机会，但也失去了成功的机遇。

同样，这个道理可以运用到如何抓住机遇上，在你决定某一件事情之前，你应该运用全部的常识和理智慎重地思考。如果发现好的机会，就必须抓紧时间，马上采取行动，才不至于贻误时机。如果犹豫、观望而不敢决定，机会就会悄然流逝，后悔莫及。瞻前顾后的行动习惯使人丧失许多机遇，很多时候，很多事情，如果我们能横下一条心去做，事情的结果就会大不相同。

然而，工作和生活中不乏这样的人，他们激动的时候多，行动的时候少。因为他们在准备实践的时候，总是考虑这个考虑那个，而这样，肯定会错失时机，后悔莫及。最大的成功并不是在那些嘴上说得天花乱坠的人，也不是那些把一切都设想得极其美妙的人，而是那些脚踏实地去干的人。其中，成功素质不足、自信不足、心态消极、目标不明确、计划不具体、策略方法不够多、知识不足、过于追求十全十美……这些都是人们瞻前顾后、不敢行动的原因。

约瑟夫是个典型的犹太商人。他曾经投资了一家小型保险公司，但谁知道这家公司居然遇到了火灾，许多投资人心慌意乱，都纷纷把自己的股份卖了。但约瑟夫却剑走偏锋，买下了所有的股份，别人都以为他疯了。

这的确是一场大的赌博，但事实证明，他是有眼光的。就在完成理赔后，这家公司的信誉出奇的好，很多新的客户都很放心地在他这投保，约瑟夫由此也发了大财。的确，在不少犹太人看来，每一次风险都隐藏着许多成功的机会，风险越大收益也越大，只有敢于冒险、抓住机遇的人，才会赢得财富。

这是一个当机立断的典型事例。在外人看来，约瑟夫的做法是冒险的，但约瑟夫并不是有勇无谋，他就是掌握了人们对保险这一行业的心理，只有自信，才能让他人相信自己，约瑟夫的这一举动，正是向人们证明了这一点，他所投资的公司的信誉自然也就增加了。

总之，与人博弈中，我们不仅要有当机立断的魄力，还要有观察时局的能力，要明白何时进，何时退，只有这样，我们才能掌握主动，在博弈中取得胜利。

第八章　职场博弈：
在竞争中保全自己

　　职场形同战场一样残酷，虽没有刀光剑影，却暗流涌动。职场博弈的结果永远只有一个，不是淘汰别人，就是被别人淘汰，这就是职场"进化论"，只有拥有了成熟心智的人，才能在任何时候，都立于职场的不败之地。

你所不知道的招聘真相

在应聘过程中，在面对强大竞争对手的挑战之下，要想取得面试的成功，同样需要兵行险招，以奇招怪计取得胜利。

"逆向选择"，无疑正是博弈中另辟新路的一条锦囊妙计。所谓"逆向选择"，就是依照人们的正常思维，反其道而行之，用这种反常的行为引起面试官的注意，以获得成功。比如在应聘过程中，求职者为了给面试官留下良好的第一印象，十分注重自己的形象，只可惜矫枉过正，形成了一种过于追求时髦，过度"包装"自己的风气。反而引起面试官对于那些"包装"完美的求职者的反感，而那些装扮并不那么"完美"的应聘者，反而能够引起面试官的重视，面试成功的机会也会大很多。

小李应聘一家外资公司总经理助理。面试时，小李发现当天一同面试的十来个人中不乏容貌秀丽的、气质高雅的，也有能力不凡、颇有资历的，而自己各方面的条件好像都处于劣势。但是令她深感意外的是，最后被录用的竟然是自己。

后来，在单位工作了一段时间后，小李才从当时面试自己的人事部同事那探明了"玄机"，原来，当时打动面试官的正是自己的"劣势"！相比于其他夸夸其谈的求职者，面试官认为小李态度真诚、谈吐适当，简历也是真实可信的，而且最重要的是，小李让面试官感受到了她性格中细腻、严谨、认真的一面，也感受到了她是个负责任、肯踏踏实实安下心来干事的人，更重要的是，面试官发现小李对应聘的职位有自己的一套理解，并从多个角度分析了这个职位很适合自己。

经济学上有个词叫"劣币驱逐良币"，说的是在铸币时代，当那些低于法定重量或者成色的铸币（"劣币"）进入流通领域之后，人们就倾向于将那些"良币"收藏起来。最后，良币被驱逐，市场上流通的就只剩下劣币了。

随着社会竞争的进一步激烈化，为了在有限的岗位竞争中脱颖而出，越来越多的求职者使尽浑身解数，力求在跟用人单位接触的每个过程中都表现得尽善尽美。在这种情况下，用人单位很难分辨出求职者们真实的能力水平。于是，眼花缭乱的面试官们为了降低误录新人的风险，将越来越倾向于选择那些表现也许并不十分出色，但各方面条件都比较真实地符合用人要求的应聘者。

招聘中把握好了"逆向选择"，既有助于应聘者获得成功，又有利于招聘企业得到优秀人才，从而达到了双赢的最佳效果。

我们知道，在招聘中存在大量信息不对称的现象。企业为招聘到素质高、能力强的员工，常常对应聘者开空头支票，美化企业实际情况，而较少提及企业面临的问题和困境。反之，应聘者更了解自身的素质和能力，为了得到工作，他们往往对自己进行层层包装，呈现自己最好的一面，但这并不代表他们能胜任工作。

在就业市场上进行招聘的企业的层次是不同的，如果信息是对称的，人才就可以根据自己的情况选择合适的企业，双方都可以实现最大利益。当信息不对称时，应聘者因为不知道企业的真实状况，所以他根据招聘企业的平均水平来确定企业级别和待遇要求。这对于优秀企业来说，变相地提高了它们人才招聘的风险和成本，使它们放弃招聘；而较差的企业会从这一过程中获利，从而积极招聘，招聘市场上只留下差企业。理性的应聘者知道这一情况后，会提高其风险补偿。反复下去，就会形成在招聘中综合水平较差的企业对优秀企业的驱逐的现象。

同样的，企业应聘时面临的是一批素质不同的人，由于信息是不对称的，招聘企业并不知道应聘者的真实综合素质，所以招聘企业只能根据应聘人才的平均综合素质来确定聘用的人才和给予其待遇。由于具有平均综合素质的应聘人才介于高素质人才和低素质人才之间，这样就降低了综合素质高的人才的待遇，而综合素质低的人获得了很好的待遇，这样企业招到的多是综合素质较低的人。这会造成低素质人才获得了较高待遇，而招聘企业虽承担了较高的招聘成本却无法获得高素质人才。

招聘中的信息有两类，一类为公共信息，另一类为私人信息。在信息不对称的招聘市场中，应聘方掌握着私人信息，而招聘方只能根据公共信息来进行判断，所以招聘方对应聘者的了解程度是处于信息的弱势，而应聘方是处于信息的强势。因此，应聘方往往利用信息的不对称，"投其所好"，故意"包装"自己，"蒙骗"处于信息弱势的招聘方。对于这些应聘者，可通过心理测试、笔试、工作情景测试、工作样本测试、动态测试等多形式面试的方式进行测评。

其实，企业的招聘，也是与人才的一场博弈。如果高报酬给予了高素质的人才，那么就是企业与人才双赢，这当然是最好的结局；如果高报酬给了低素质人才，结果是花去了高成本，却达不到想要的效果，那么企业就完败了。

竞争不可避免，双赢是最好的结局

在职场中，我们每个人都渴望晋升、加薪，这也是每个职场人士应该追求的。但是，我们要和同事站在公平竞争的起跑线上去争取，而不是耍心机、玩手段。

在办公室里，即使是关乎前途命运的竞争，即使你很讨厌和你竞争的同事，你也不要表现得那么激进。如果太激进的话，势必会影响整个办公室的气氛，不仅会让其他同事反感，也会影响你的形象，这样更不利于你的竞争。

真正明智的竞争应该是厚积薄发，用实力说话，劲儿要用在暗处，这样才不会伤及对方的面子。如果搞得太僵，就算你胜利了，也会被对手记恨。什么是真正的胜利，是你赢了，你的对手还去真心地恭喜你，而不是耿耿于怀、怀恨在心！

老李是某公司的老职员，他最近和一个新来的大学生较上劲了。原来，老李已经在这家公司待了3年多，眼看就要"熬出头"

了。这天，老板忽然把一个年轻人安排进老李所在的部门，据说，这个年轻人是名牌大学毕业。虽然工作时间不长，但看起来一副自信满满的样子。老板很喜欢这个年轻人，很可能要提拔他，年轻人无疑就成了老李的竞争对手。

虽然老板很欣赏这个大学生，可毕竟老板不和员工经常待在一起，很多情况都不了解。老李却清楚得很，这个年轻人喜欢说大话，做事前喜欢拍胸脯，但很多事都不能善始善终，不能把事情完整地做好。还有，他做事从来没什么计划，很多时候都是临时抱佛脚。更让老李郁闷的是，他完不成的工作，往往都要老李来善后。

老板都是看重结果的，一直以为这个年轻人工作完成得不错，事情做得很到位。其实，这其中有老李很大的功劳。为了让老板了解真相，更深刻地认识到自己的能力，让老板提拔自己，老李决定用实力说话。

一次，整个部门都要去外地做新产品的推广，要在广州待半个多月。老李心想，这是个展示自己能力的好机会。于是，他就对老板说，自己的儿子生病了，自己跑那么远不放心，就申请不去外地了，老板也同意了。因为整个部门只剩下老李一个人，所以在这半个多月里，他必须代替整个部门和老板一起讨论所有的问题。刚好，老板接手了一个新产品，老李使出浑身解数，为新产品写了一份完美的产品策划书。老板一看非常满意，再加上这段时间的频繁接触，老板对老李的才能有了新的认识。

对老李来说，这半个月的工作比过去的 3 年都有意义，也可以说这是老李的职场转折点。老李用自己较强的工作能力和严谨的工作态度赢得了老板的认可。渐渐地，老李在部门里有了地位，而那个新来的年轻人最后变成了老李的手下。在此后的3年里，年轻人踏踏实实跟着老李学习专业知识和待人接物，最终也得到了老板的提拔。

在这场没有硝烟的战争中，老李用自己出色的能力证明了自己的出类拔萃，而没有采取任何不正当的手段去"牺牲"同事的利益突出自己。以伤害别人来谋求自己利益的人最终都会被识破，也会被大家所抛弃。我们只有凭借自己的成绩来证明自己，才能得到领导的赏识和竞争对手的尊重，而不是走什么歪门邪道，搞阴谋诡计。

其实，身在职场，竞争是不可避免的事情，双赢才是最好的结局。同事间竞争，是件很寻常的事情。然而这种竞争与外部环境的竞争相较又有很大的不同，同事间的竞争不是单纯的竞争。存在共同的利益、共同的目标，又掺杂有个人感情，或是部门间、上下级间的复杂关系。俗话说得好"一山容不得二虎"，那么，面对同事间的竞争，我们应该如何对待呢？

"双赢"意识很重要。双赢的目标不是赢，而是追求共同利益的过程中，强调能够与竞争对手合作，共同促进目标更快更好的实现。所以，这种情况是在目标一致的前提下，相互配合取得的双赢结果。

有个故事很生动地讲述了这种竞争关系：

一头狮子和一只野狼同时发现了一只羚羊，它们决定一起去捕捉。由于配合得很默契，很快狮子就咬死了羚羊。然而，此时的狮子已经不愿意和狼再分食猎物了，于是狮子和狼之间的斗争开始了，结果是狼被狮子咬死，狮子也因此受到重伤而无福享用美味。显然，这样的结果不能称之为"双赢"，而是团队的竞争导致了两方皆输。

同事之间的关系，本来就存在合作又存在竞争，过分放大竞争心态，合作的意识就会被忽略。就工作目标来看，有一个强有力的竞争同事，对自己能力提升也有很大的帮助，而过度强调个人英雄主义、缺乏团队协作，在职场中是很难取得良好业绩的。更积极的态度是要将这种竞争目标放在外部环境，挑战更有能力的对手，不仅个人能力得到锻炼，而且个人的视野也会更宽。

人心博弈，跟同事打成一片

职场打拼就如战场上的拼杀，不仅激烈而且残酷，要想在职场的博弈中做到无往不利，就得掌握必要的诀窍：

1. 学会欣赏、赞赏、鼓励别人

社会学家指出，在许多家庭里，夫妻争吵最主要的原因可能就是谁也不服谁，不懂得欣赏对方。看不到对方的好，恐怕也是同事交恶的一个很重要的原因。不懂得欣赏同事，不愿意赞美同事，较少合作，较多算计，结果大家谁也不开心。而懂得了欣赏同事，不仅让自己拥有了良好的人际关系，也许自己也能取得意外的收获。

尤其在你的同事遭受挫折，遇到困难时，你的一句欣赏、赞美、鼓励的话语，就如冬天里的一把火，会让对方浑身感受到温暖。

一个寒风刺骨的冬天，在威斯康李市区，艾尔·艾伦冒着严寒一家商店一家商店地揽业务，结果都以失败而告终，他当然极不满意，也非常沮丧。

当他非常懊恼地回到公司时，他大吃一惊！原来他的同事莱特正在等他，那一双热切的眼睛，一张恳切的脸和一双很温暖、很有力度的手，都给了他重新振作起来的力量！

"艾尔，辛苦了！"莱特递上一杯咖啡，很真诚地说。

"谢谢！"艾尔·艾伦非常感动。

"我什么都不想跟你说，我只想告诉你，困难总会过去的，你什么都不要怕，我会支持你的！我也相信你一定能成功！真的，你会是最棒的保险业务员的！"莱特知道，此时对艾尔·艾伦最大的帮助，莫过于让他重新树立自信。

"是吗？好吧，我会的。我会成为你希望的那样的。"艾尔·艾伦坚定地说。

第二天，从公司出发前，艾尔信心百倍地对莱特说："等着看好了！今天我要再去拜访那些客户，并且拉下和你一样多的业务！"艾尔·艾伦没有食言，他说到果然也做到了。他回到了威斯康李市区，再度拜访他昨天的那些客户，结果他拉下了将近70单新的业务。后来，他果真成了公司里和莱特并驾齐驱的"王牌业务员"。

可见懂得欣赏、赞美你的同事，无论对同事还是自己，都有莫大的益处。

2. 善于搭建互助平台

有一句话说得好："智者找助力，愚者找阻力。"没有一个人能够独自成功。让更多的人帮助你成功，这是一种高超的人生智慧。

有这么一则故事：

某公司要招聘一个营销总监，报名的人很多，经过层层考试，最后只剩下三个人竞争这个职位。

为了测验谁最适合担任这个角色，公司出了一道怪题：请三个竞争者到果园里摘水果。

三个竞争者一个身手敏捷，一个个子高大，还有一个个子矮小，在我们大家看来，前面两个最有可能成功，但结果恰恰相反，最后获胜的竟然是那个矮个子。这是怎么回事呢？

原来，这次考试是经过精心设计的，竞争者要摘的水果都在很高的位置，很多都在树梢。

个子高的人，尽管可以一伸手就能摘到一些果子，但是毕竟能力有限；身手敏捷的人，尽管可以到树上去，但是树梢的一部分，他就够不着了；而个子矮小的人，一看到这种情形，没有急于摘苹果，而转身走向了门口。守门的是位老人，也是果园的维护者。这位小个子的应聘者意识到这次招聘非同寻常，也许个个是考官，处处是考场，所以在刚进门时，他就很热情地和老人打了招呼。他很谦虚地请教老人平时是怎样摘这些树梢上的水果的。老人说是用梯子。于是，这位小个子的应聘者开口向老人借梯子，老人十分爽快地答应了。有了梯子，摘起水果来自然不在话下，结果，他摘得比谁都多。因此，他赢得了最后胜利，获得了总监的职位。

只有通过对他人的关心和支持，才能赢得他人帮助，同时，还可以和提高自己的协作能力！

3. 懂得"借力借势"

所谓"借力借势"就是要借助贵人的力量，助长事业的发展。常言说得好，"平时多烧香，才有贵人帮。"年轻人初入职场，虽然人生地不熟，经验也不多，如果能够把握机会，广结善缘，扩展自己的人脉，并能及时助人一臂之力，那么就会拥有良好的人缘。

影视剧《大长今》中的主角长今就是一个广结善缘的人。正如剧中道士所言，她会救很多人。确实如此，她不仅救了闵政浩、姜熟手、皇后、太后、皇上、皇子、连生及众多平民百姓，甚至还救了"敌人"崔尚宫和倭寇岛主。成功种植百本，防治疫情、痘疮……她的一生都在救死扶伤。长今所做的这一切，实际上是处处在结善缘，因而在她的周围构建了一个完整有力的关系网。正因为这个人际关系网，长今每每逢凶化吉、因祸得福。不仅得到郑尚宫、韩尚宫、郑主簿、申教授的倾心教诲，一生更有闵政浩、连生和姜熟手夫妇的全心帮助，关键时刻又总能得到太后、皇后、皇上和尚膳大人的庇护。所以，获得"朝鲜最优秀的御膳厨房宫女""正三品堂上官"和"大长今"的褒奖也就顺理成章了。

美国《财富》杂志对美国 500 位年薪 50 万美元以上的企业高级管理人员和 300 名政界人士进行了调查，结果表明：93.7%的人认为人际关系畅通是事业成功的最关键因素。在中国，历来就有重视人际关系的传统，特别强调人与人之间要和睦相处、共享利益。据一份调查报告显示，在中国每 100 位头脑出众、业务过硬的人士中，就有 67 位因人际关系不畅而在事业中严重受挫，难以获得成功。

俗话说："一个篱笆三个桩，一个好汉三个帮。"作为一个职场人，如果能在工作中交一些朋友，是幸运的。从个人职业发展角度看，职场中的朋友之间可以相互交流工作经验、互相学习、互相鼓励。同时，在生活上可以互相帮助。总之，保持良好健康的同事关系，在工作上和生活上都是有益的。

巧妙隐藏"动机"

小史是学工商管理专业的大四学生，在毕业前夕。老师推荐他们同专业的几个人去一个大型外企实习。对于学习工商管理的人而言，有机会去大型外企实习，这无疑是非常好的就业机会。

所以，他们都非常珍惜。

当小史踏入公司第一步的时候，便被优雅、高档的办公环境所吸引，他心中开始有了自己的计划：他要利用自己实习的机会，好好表现，留在这个企业。于是，在后来的工作中，他总会在上司面前刻意地表现自己。每次当有同事让其他实习生去经理或者老总办公室送文件的时候，他都会想方设法地抢到自己手里。他试图通过送文件，增加与领导接触的机会，以便给领导留下好印象。空闲时间，他更是主动去经理和老总办公室，帮他们收拾办公桌、整理文件等。

两个多月的实习时间过去了。在结束的时候，他还曾主动找过自己部门的经理，自我推荐了一下，并声明自己特别希望留在公司继续做事情。他以为这次实习结束后，自己一定会被留下。可在实习结束后，公司宣布留下的两个实习生中却没有小史。对此，公司做了这样的说明：公司需要踏实做事的人，而不是只为个人目的、个人动机做事的人。

小史之所以没有成功地留在外企，不是他表现得不够好，也不是他没有实力，最主要的原因是他在为公司以及其他人做事情的时候，表现得太过功利性，意图太明显了，进而让公司认为他做事情不够踏实。从小史的经历中，我们应该得到这样的启示：在做事情的时候，意图不能表现得太明显，否则只会遭到别人的反感。

刚进厂那会儿，小叶卖力的干活，勤劳肯干，从不偷懒耍滑，一心想好好表现，图得好的收获。也曾有人问，别人都不积极，或无所事事，或趁机偷懒，你为什么那么认真呢？小叶还老老实实地说："像我这样没有关系网庇护，没有文凭作后盾，而且又资历最浅，只有做好工作，干出成绩，才能受到领导的赏识吧！"猛一听，小叶的话并没有错，其实细分析，就知道其中的"玄机"，因为他这样回答暴露了他的目的是"受到领导的赏识"，进一步讲就是希望得到提拔重用。于是，有人就好像抓到了他的把柄，借机就到处说他爱出风头爱表现，好大喜功，沽名钓誉，如此等等。一传十，十传百，小叶的形象和他辛辛苦苦做出来的成绩受到极大的影响。

为此，一名和他关系甚好的老同事还语重心长地找小叶谈心，指出了他的不足，一样的话，换种说法，可能效果就截然不同。就好比你去买衣服砍价，你一降再降，店主说不能再降了，那你就走，店主往往会叫住你，同意你的价格。同样，在职场上，那些经常把"不图升官，不图发财"挂在嘴边的人，往往是把个人利益看得最重的人。

从此，小叶把积极工作的目的定位在"为责任，为成长，为事业"上，慢慢地，上司果然对他刮目相看，重点培养。只是，让小叶心焦的是，虽然他是工厂的技术骨干，但是这薪资却几年未见调整。而这眼看着就要年关了，盘算一下回家的路费、给家人买礼物的费用、回老家需要给的"人情费"用以及买年货要花的钱，小叶不由得心生焦虑，眉头都拧成一团了。如何是好呢？平日里买瓶饮料倒还有过"买一赠一"的好彩头，可是隔三差五的买彩票却从没见中过什么大奖。这次，只能眼巴巴地指望着公司这次年底调薪升职能有自己的名额了。

终于有一天，积攒了许久勇气的小叶去找经理汇报工作情况和关于技术创新的想法，在得到经理的再次肯定之后，小叶列举出自己这几年的业务技能提升以及所做的项目成绩，同时感谢公司和上司的培养。当领导欣闻此，例行勉励下属，关怀下属生活时，小叶就流露出近来生活开销越来越大，日渐囊中羞涩，聊以温饱，不如另谋生计的念想。经理听闻此言，当即表态，公司一直都知道他的辛劳付出，况且自己一直很看好他，会考虑他的需求的。

为了"趁热打铁"，谈话结束后，小叶随后写了一封言辞恳切的邮件给领导，眼看着领导的正面回复，小叶这才吃下了"定心丸"。

小叶在同事的点拨后，把自己的目的隐藏起来，采用"声东击西"的方式达到了自己的目的。在职场谋略上，"声东击西"是一个屡试不爽的策略，大有用场。比如在公司想加薪升职也不能向同事表示真实"意图"。否则，后果可能弄巧成拙，不堪设想。

所以，在职场上当你有所"意图"时，不需要表现得太明显。例如当你试图说服同事，接受你的观点，或者按照你的想法做事情时，如果"动机"表现得太强，对方就会很容易感觉到你的别有用心，或者另有企图，这样他们的戒备心理便会提起来。而一旦对方有了戒备心理，你便很难去说服他们了。

此外，我们还应该看到这样的现象：当你"动机"太强的时候，你的行为就会不受控制，进而表现得太过急功近利，或者太过有目的性，结果让人一眼看穿、看透。而人们呢，又有不受他人支配的心理。当他们知道了你的动机或者别有用心后，便会出于自我保护心理，本能地拒绝你，甚至朝着与你最初"动机"截然相反的方向做事。

如何与不喜欢的人做同事

在职场的博弈中，我们除了和上司为了待遇"斗智斗勇"外，还会与各种肚子里写满"小九九"的同事进行较量。一般来说，我们每一个人都有一种与生俱来的本能，那就是愿意与自己喜欢、欣赏的人交往共事，而对于那些自己不喜欢的人则避而远之，不愿意和他打交道。然而，生活中哪有那么多如愿以偿的事情呢？有时候我们不得不去和心里不喜欢甚至是非常厌恶的那些人做同事，当然，共事的过程中，免不了一场"惊心动魄"的博弈。

睿智的人在遇到反对意见的时候，会尽量使自己作一些小让步，从而来换取大和谐。每当一个争执发生的时候他们总是在心里思考着：如果我退让一步会不会影响我太多的利益呢？因此应付别人最好的方法就是在小的地方让步，以保证大的方面能够获得利益。因为我们博弈的目的，就是获取最大的利益！正所谓"小不忍，则乱大谋"。

与不喜欢的同事发生意见上的分歧时，你可以在某些时候，将你的意见暂时收回一下，平静地对待对方的反对、讥讽甚至暴怒，做到以不变应万变。

张万基是一家公司的业务经理，曾经有一位同事突然间跑到了他的办公室，猛地拍着办公桌，大声地吼道："张万基，我非常恨你！"紧接着，这位同事满口脏话骂了张万基足足有十分钟，办公室里的一些人都非常生气，他们认为张万基应立即把他驱逐出去，但是，张万基并没有这么做，而是停下手里的工作，平静地看着那个人什么也没有说，那个人越暴躁他就越平静。

　　那个人被张万基的态度弄得不知所措，事实上他是专门来找张万基麻烦的，可是张万基一反常态的做法，让他把原本想好的许多话全部忘记了，无奈，临走时他又在张万基的桌子上狠狠地敲了几下，以发泄自己严重不满的情绪，但是张万基呢，就跟什么事情也没有发生过一样，重新拿起笔，做他自己的事情去了，那个人只好转过头无可奈何地走了。

　　可见，遇到一些比较"野蛮"的同事的时候，不理睬他对自己的攻击，本身就是对他们的最严厉的回击。而且，他是你的同事，假如你真的与这样的人大打出手，到时候公司也不会容忍你们任何人，到时谁也不会好过。

　　那些成功的人之所以成功，就在于每次对手急急忙忙地向他们发动攻击的时候，他们依然保持着惊人的冷静和沉着。可是，当你真的遇上非常讨厌的同事并涉及到原则性的问题的时候，你怎么办呢？还是一味地忍气吞声吗？答案当然是否定的。该强势的时候还是要强势！

　　一天，菲拉在聚精会神地工作，忽然间她的办公室里闯进了一位非常"难缠"的同事，这个同事纠缠着让菲拉与她调换岗位，菲拉和气地对她说："我的朋友，我实在无能为力，请你理解我。"不想，那个同事得寸进尺，大声地质问菲拉："那么，菲拉小姐，你的意思就是不肯帮助我了？"菲拉注视了那同事几秒钟，然后走过去把她推出了办公室，又把门重重地关上了。那个同事一见平日里总是忍让同事的菲拉今日竟然发这么大的火，一时间也没了主意。而且被推出了门外，她再想进来纠缠，也不可能。所以，此事也不了了之。

可见，适当地发火压制住对方，其实也是必要的。现实生活中，每一个人都是一样的，不仅要行使我们的权利，还要维护自己的尊严。当然，并不是每个同事都胡搅蛮缠，更多的同事是比较有心机的，面对这种人，可不就是将其推出门外或置之不理那么简单。

乔尔在一家大型外资企业上班，公司里的同事每一个都非常精明，每个人的心里都打着一个小算盘。最近，公司里有晋升的机会，乔尔所在部门的十几个同事都想得到这个机会，但是上级分配给他们部门的职位只有两个，这就意味着竞争的激烈。面对这样的竞争，同事们都在私下盘算着，互相揪着彼此的把柄，找着别人的错，或是组成"小集团"增强自身实力。这时候，一个同事将乔尔以前犯的一个小错，偷偷地在"小集团"内传开。乔尔也知道是谁在搞鬼，他不仅没有与他撕破脸，互相纠缠，反而还私下请他吃饭，并拉拢他，说兄弟俩一起晋升把握会更大，而且，就算只有一方得到了晋升，那对另一方也没有坏处。在乔尔的努力下，这个人终于与乔尔团结起来，由于此人在部门中本身就很有影响力，加上乔尔的业绩本就突出，两人还真的都得到了晋升。

可见，在与我们不喜欢的人共事的过程中，我们要在心态上放平和，必要的时候把他拉拢过来，做到多策略的灵活运用。

既做兔子，又做乌龟

龟兔赛跑的故事大家都听说过吧，兔子和乌龟赛跑，兔子本来跑得很快，但是却在中途休息时睡着了，本应该得第一，结果却得了第二。而慢吞吞爬行的乌龟，却脚踏实地、坚持不懈，最终赢了兔子得了第一。其实，职场博弈也同于赛跑，那么，在跑道上，我们是做那只健步如飞却懈怠的兔子还是做那只笨手笨脚却持之以恒的乌龟呢？

对职场人士来说，刚踏入公司就能进高层的人少之又少，大部分人都是从基层一步一步做起的，只有那些吃苦耐劳的人才能有大作为。所以，如果你希望自己有大作为，你就应该具备"乌龟"的坚持不懈的精神。但是，如果你只具备坚持不懈的精神，而不具备高效率也是不行的，你必须同时还要拥有"兔子"超强的爆发力和飞快的速度。

2008 年，激烈的市场竞争加上经济危机，让失业队伍变得越来越庞大，很多人开始怨天尤人。其实工作也并非找不到，主要是你肯不肯做。很多人眼高手低，不愿意从最底层做起。他们觉得自己学历高，做那些基层的事情"丢人现眼"，即使做也是提不起丝毫精神，三天打鱼，两天晒网。只有一步一个脚印，坚持不懈的人，才能最终到达成功的终点。

实际上，工作无所谓贵贱，但工作态度却有高尚与卑微之分。一些人没有能力挑选工作，但却有能力端正自己的工作态度。一些人之所以牢骚满腹，并不是真的时运不济、上天不公，而是因为自身工作态度没有端正。原本就"做一天和尚撞一天钟"，还能期望有好的出路吗？

周新刚毕业时在一家单位做销售，但是销售压力大，周新没有能坚持下来。他又到了另一家公司做广告设计员，可惜专业技术又不如人，自己也不虚心学习，后来还是遗憾地走了。之后，周新一连找了好几家公司，最后都沮丧地离开了。有的是主动辞职的，有的是被辞退的。渐渐地，周新开始怨天尤人，开始泡网吧、喝酒。最近，又突然想起考公务员，但报名之后也没有发现他在复习课程。

其实，周新之所以就业不顺利，并不是因为时运不佳，而是在于他没有给自己一个准确的定位。自己不踏实本分，又缺乏积极进取的心态，当然找不到好工作了。

一个叫乔治的英国人移民到了美国，他没有什么学历，也没有什么技术，因此就想找一份快餐店的工作。因为刚移民到美国，加上没有这方面的工作经验，前几家店主都拒绝了他。到第五家的时候，乔治的真诚感动了经理。经理告诉他："我们这里刚好缺一名清洁工，你愿意做吗？但工资很低，每月只有300元。"乔治马上表示自己非常愿意接受这份工作，并会尽全力做好这份工作。

于是乔治认真地工作起来，尽管快餐店的工作非常琐碎繁杂，但他非常敬业，而且非常勤奋，顾客对这个小伙子十分满意。3年后，他就被提拔为这家连锁店的经理。做了经理后，乔治对工作依然热情，他努力改善业务关系，提高工作效率。不久，他的这个店的业绩直线上升，受到顾客的好评如潮。

一年后，连锁店的老板把他叫到了办公室，对他说："乔治先生，不知道你有没有兴趣帮我去管理有200户住户的大厦？"此时乔治才知道，老板还是一家房地产的大股东。

乔治等老板讲完后没有喜形于色，而是真诚地对老板说："我没有这方面的经验，对管理大厦一窍不通。"

老板笑着对他说："你同样没有做过快餐店的工作，但你一年内把利润增加了65%。管理大厦和管理快餐店的道理是一样的，只要你勤勤恳恳，对工作热情，保持乐观与一丝不苟的精神就够了。"

于是乔治高高兴兴地到大厦工作去了，他依旧很勤恳、热情，工作做得非常出色。不久，他就被提拔为总公司的总裁助理。

这就是态度问题——同时具备乌龟坚持不懈的精神和兔子超

强的爆发力和效率。只有这样的人，才能在职场博弈中取得最大化的利益。

太聪明的人很难得到老板赏识

说到聪明人，大部分人的第一反应应该是一些智商超群或者是毕业于名牌大学的人。聪明的人在学校里享受着别人的仰望，当然他们也习惯了那种高高在上的感觉，但早在多年以前，社会学家就发现一个有趣的现象：在学校中成绩好的学生，出了社会进入某家企业以后，大多数都不会得到领导赏识。

为什么会有这种现象呢？众所周知，在一个企业中，虽然大家各自做着自己的工作，但最后的成果应该是每个人一起努力的结果。在这里既然有了合作，就存在着人与人的利益关系——每个人都想守护自己的利益。这个时候，从某种角度讲，就出现了矛盾，即有权者和有理者的矛盾，如果有权者和有理者不是一个人，那么这个矛盾势必将无限放大。试想，如果企业中有一个聪明绝顶的人，那么他的存在会让领导感到自己的见识短浅，从而产生一种这个聪明的人会不听自己的管教甚至有一天会"谋朝篡位"的心理，这种心理的出现，无形之中就给聪明的人增加了一道门槛。聪明的人面对这种情况，肯定会对领导产生不满情绪，于是一场"恶战"后，聪明的人只能选择跳槽，到了下一个公司后，同样的桥段会再次上演。

社会学家指出：领导不会选择比自己优秀的人作为自己的员工，以免造成权力上的竞争。由此可见，职场中，人们对利益的纷争还是很严重的，这就是那些聪明人在企业中难以立足的重要原因。

小武在国内某所知名大学上学期间成绩就非常优秀，毕业后，凭借着高学历，他毫不费劲地就找到了一家合适的公司。

刚入职的他有很多地方都不是很明白，但毕竟是知名学校出来的研究生，学习起来特别快，在一个多月内，他已经熟练地掌握了自己负责的工作。在闲暇之余，他还喜欢对同事的工作指点一二，很多同事们对于他的这种行为只能投来美慕和敬仰的眼光。小武也乐在其中，以为自己的所作所为早晚有一天能让领导赏识。但是一个月过去了，两个月过去了，迟迟不见领导找他进办公室，小武于是产生了一种抵抗情绪。在学校的时候，自己可是一颗明星，人人都围着自己转，到这里却没人赏识，他越想越气，于是就去找领导谈话了。

其实，他的一举一动，领导都看在眼里，正因为他实在是太聪明了，好几次公司的大决策，他偏偏要和领导的意见不一样，所以领导没有把他放在眼中，所以谈话的结果在意料之中——小武被炒了。

这样的结果实在是令人遗憾，一般情况下，职场新人刚到一家单位不可能直接就进入领导阶层。当然，有的领导会有自己的一套做事风格，尽管职场新人时常与自己的意见相左，也不会太介怀，时间一久，可能会发现他们的闪光点，希望留着这样的人才。但有的领导做不到这点，他们对聪明人的嫉妒大于事业心，所以压制了聪明人的发展之路，聪明人也就因此没落了。

然而，在变化莫测的职场中，聪明人应该怎么来得到领导的赏识呢？其实，至少要做到以下两点：

第一，聪明人应该放下骄傲。态度是第一位，领导看重的一般都是一个人的态度，如果你踏踏实实地工作，心态是平衡的，那么就会给领导留下一个很好的印象，升职加薪当然也近在眼前。

第二，聪明人应该多辅助领导工作，而不是替领导决策。聪明人应该善于帮助领导解决各类问题，而不是和领导对着干。这样，离晋升的时日也就不远了。

如何让老板加薪水

在职场中，老板与员工的关系历来就是一对矛盾的统一体，老板与员工之间的博弈，基本是围绕薪水与效率展开的。作为老板，他肯定希望少发员工薪水，提高员工工作效率；而作为员工，则希望老板多给自己发薪水，少让自己干活。在这种矛盾的博弈中，自然就会产生众多的权衡与抉择。

在这场博弈中，作为员工的你，如何才能获胜呢？

夏琴是一名普通的会计，本来，公司里有两名会计，两人应付公司安排的事情还算游刃有余，至少不用加班也能完成，每天能按时在下午五点下班。但是近三个月来，夏琴的工作明显增多了，经常加班到晚上七八点钟。因为另一位同事怀孕了，每天基本上干不了多少工作。公司为了体恤孕妇，就让夏琴帮忙多做了一些工作。可是这样一来，自己辛苦了不少。夏琴感慨地说："原来自己做'一个半人'的工作，是那么吃力。"

经过再三考虑，夏琴认为应该让老板给自己加点薪水，至少给点奖金吧。毕竟自己付出太多，老板应该理解的。可是几个月来，无论自己怎样做，老板似乎都像没有看见一样，丝毫没有加薪水的念头。于是，夏琴决定自己主动提出此事。她找到了老板，微笑着对老板说："总经理，我想请求您给我加薪水，要么您就再招一个人帮我分担些工作。因为现在工作太多了，我一个人实在太忙，另一个同事都快生产了，我们又不能够让她干太多工作。我想，您每个月给我加七八百块应该也不算太难吧。"老板听后想了想，明白最近夏琴真的辛苦了不少，虽然老加班，但是账目从来就没有出过错。于是就答应了夏琴的请求。

可见，作为员工，如果想要让老板给你加薪，那么就必须懂得适时主动提出来。你不提，不管用什么博弈招数都没用。不过，当你在向老板要求加薪时，除了把加薪的理由一条一条摆出来，详细说明你为公司作了什么贡献而应该提高报酬之外，最重要的是尽可能明确提出自己希望加薪的数额。

王坤在公司已经工作了足足一年，这一年来不说功劳也有苦劳，而且王坤也较为勤奋，只是肚子里没有什么花花肠子，更别提要手腕了，所以一直没有得到升职和加薪的机会，机会总是被别的同事抢了去。最近，王坤想到了找领导谈一谈，要是领导不给加薪，只好另谋他就了。

王坤找到了领导，领导当即就同意为王坤加薪，还说了一些感谢王坤一年来勤勤恳恳工作，为公司分忧的话。这下王坤可被彻底感动了，当领导问他需要加多少薪水时，他为了给领导留下一个体贴公司的好印象，竟然说："我要求的不多，您每个月给我加200吧。"领导当时脸色迅速转变了一下，之后又恢复正常，欣然同意。可是薪水虽然是涨了，领导对王坤的看法却越来越不好了，王坤百思不得其解。后来，有好心的同事告诉他："王坤啊王坤，自己要主动提涨薪的事儿，就一口气多提点，你提那么点儿值得主动去找领导吗？还弄得他认为你的身价就值那么点钱似的，怎么会器重你呢？"

这个例子说明，你如果不在乎老板的态度，就别要求涨工资。你要是主动要求涨工资，就应合理地提出要求，不要过高，更不要太低，要求太低就是让老板看轻自己。

所以，在你与老板之间形成的博弈对局中，老板会综合地分析你的能力和价值，判断出该给你加薪的幅度，并以此作为"讨价还价"的依据。如果你的理由充分，又有事实根据，即使跟老板对你的看法有出入，老板也会设法协调。但是，如果你在加薪的对局中，提出的要求很低，那么你无疑就处于下风，让老板对你的看法更加不如从前。

第九章　谈判技巧：
寻求己方利益的最大化

　　谈判的参与者应该学会利用各种博弈手段尽可能达成一项协议，尽量缩短谈判的过程，以便减少耗费的成本，从而避免损失，维护自己的最大利益。

谈判中的信息博弈论

谈判，是一门需要长期修炼的人生艺术。当然，它也同样包含策略技巧。一切为达成合作而展开的协商都是谈判。谈判的最终目的，在于促进合作的达成。但是，在谈判中最让谈判者感到伤脑筋的就是信息不对称。

而在商业谈判中，谈判双方之中的一个重要因素，就是看在信息上是否握有主动权。如果说谈判是一种博弈的话，那么，在这场博弈中起重要作用的因素不仅仅有谈判者的口才、素质、实力、地位等，更重要的是所掌握的相关信息资料。

著名谈判策略研究专家理查德·谢尔就提出了"以信息为基础的谈判"。也就是说，是否能选出最合适的对应策略赢得谈判博弈的胜利，还要看掌握信息的多少。对于谈判者来说，掌握的信息不同，会导致谈判中的策略也不同，而最后得到的结果自然也就不同了。

在一次交易会上，我国一外贸部门与一日本客商洽谈出口业务。在第一轮谈判中，客商采取各种招数来摸我方的底，罗列过时的行情，故意压低购货的数量。我方立即中止谈判，搜集相关信息，了解到日本一家同类厂商发生重大事故停产，又了解到该产品可能有新用途。在仔细分析了这些信息以后，谈判继续开始。我方根据掌握的信息后发制人，告诉对方：我方的货源不多；产品的需求很大；日本厂商不能供货。对方立刻意识到我方对这场交易背景的了解程度，于是甘拜下风。在经过一些小的交涉之后，乖乖就范，接受了我方提出的要求，签订了订单。

谈判的本身就是一场斗智斗勇的博弈。虽然在谈判桌上，口才的好坏起着极为重要的作用，可是决定谈判胜负的最本质、最核心的因素，则是在于把握谈判背景，也就是掌握谈判的信息之上。而在谈判的过程中，利用信息制造"虚假情报"，声东击西，也能起到出奇制胜的效果。

某工厂要从日本 A 公司引进收音机生产线，在引进过程中，双方进行谈判。在谈判开始之后，日本公司坚持要按过去卖给某厂的价格来定价，坚决不让步，谈判进入僵局。该工厂为了占据主动地位，开始与日本 B 公司频频接触，洽谈相同的项目，并有意将此信息传播，同时通过有关人员向 A 公司传递价格信息。A 公司信以为真，不愿失去这笔交易，很快接受了我方提出的价格，这个价格比过去其他厂商引进的价格低 26%。

在一条路上走不通的时候，往往应该去探索另一条途径。在这个案例中，这个工厂就是运用了传播假信息的方式获取了主动权，取得了胜利。掌握谈判对手的最新信息，可以了解对手的最新动态，并且及时地作出调整和应对之策。但是，这并不是说谈判对手的相关信息就不重要了。相反，相关信息可以作为有利的证据，帮助自己在谈判中掌握主动权。

我国某厂与美国某公司谈判设备购买生意时，美商报价218万美元，我方不同意，美方降至128万美元，我方觉得仍然难以接受。美方扬言再降10万美元，118万美元不成交就回国。中方谈判代表因为掌握了美商交易的历史信息，所以不为美方的威胁所动，坚持再降。第二天，美商果真回国，中方毫不吃惊。果然，几天后美方代表又回到了中国继续谈判。中方代表亮出在国外获取的信息——美方在两年前就以98万美元将同样的设备卖给了匈牙利客户。该信息出示后，美方以物价上涨等理由解释了一番后，同意我方的报价。

从某种意义上讲，谈判中的利益竞争也是信息竞争，把握对手的精确信息就能在谈判的利益竞争中取胜。

当然，在商务谈判中，一些谈判信息，无论是来源，还是构成都比较复杂和广泛，在有些信息的取得和识别上具有相当大的难度。另外，商务谈判信息是在特定的谈判圈及特定的当事人中流动，谈判者对谈判信息的敏感程度，是其在谈判中获取优胜的关键之一。当然，因为商务谈判涉及己方和谈判对手的资金、信用、经营状况、历史成交价格等，所以具有极强的保密性。不同的商务谈判信息对谈判的影响作用是不同的，有的起着直接作用，有的起着间接作用。

208

主动把自己的信息透露出去，"吓退"对方

除了用"虚假信息"迷惑对手之外，在谈判的信息博弈中，我们还可以采取另外一个手法来影响对手：主动把自己的信息透露出去，"吓退"对方。

2008 年 5 月 18 日，世界打捞业的巨头、美国奥德赛海洋勘探公司对外宣布，该公司从大西洋海底一艘古老沉船上，收获了重达 17 吨的殖民期失落的金银财宝，其中包括约 50 万枚银币和数百枚金币、金银饰品及艺术品，总价值至少为 5 亿美元。不过，基于法律和安全方面的考虑，奥德赛没有公布该沉船的具体方位。

根据《国际海洋法》规定，奥德赛公司将可以分得 90% 的打捞财富，其余部分归英国政府所有。而奥德赛公司已经派出一架专机，动用数千只塑料桶，满载这 50 多万枚金银古币返回美国境内。该公司计划将钱币以每枚 1000 美元的价格向收藏者和投资者出售。

看到这个故事，大家可能会认为打捞沉船是一桩一本万利的买卖。事实上，这一行业不仅需要大量的投资，而且充满了激烈的竞争和法律风险。

海底打捞需要综合运用遥控探测仪、水下机器人和深海摄像

机等尖端设备，一个最基本的地磁仪需要 1.6~3 万美元，功能更全面的遥控水探测仪每台的价格则是 10~200 万美元不等。

由于在辽阔的大洋上根本无法建立秩序，所以对沉船的打捞遵循"先到先得"的原则：这在竞争者之间自然会出现实力与胆量的较量，"胆小鬼博弈"由此出现。

在这种博弈中，参与者传达自己打捞沉船的决心。如果某一个人或团体有足够的决心，那么就可以吓退其他竞争者。

事实上，这种"胆小鬼博弈"不仅存在于打捞沉船上，它在任何存在竞争的领域都会出现。

众所周知，电话的发明者是亚历山大·格雷厄姆·贝尔。但实际上与贝尔同一时期有一位发明家名叫伊立夏·葛雷，他也发明了一部电话。恰好在贝尔去专利局申请专利的同一天，葛雷也去申请，但他比贝尔晚了一小时，专利权已授权给了贝尔。

他发明的发话器与贝尔的发话器不同，他是在薄铁膜片的背后装一个电极，使电极伸到一种电解液里，人对着膜片说话时，震动膜片而带动电极在电解液中颤动，电极浸在电解液中的深度发生变化，从而产生与声音振动感应的变化电流。

当有好几家公司在从事几乎相同的研究时，相同的研究成果往往就会形成争夺专利的情况。不过，美国的专利制度规定，当某种有用的发明出现时，该发明的一切权力都属于发现的第一家公司。

如果格雷厄姆·贝尔和和伊立夏·葛雷都是依靠别人的投资

进行研究，那么因为贝尔更早提出这项发明，专利权就属于贝尔，而葛雷只好向投资人解释，为什么他浪费了这么多钱做研究。

我们假设在当时电话的专利价值是 1000 万美元，而格雷厄姆·贝尔和伊立夏·葛雷同时想争取电话专利，而且都已经花了将近 1000 万美元，那必然会有一方赔钱。只有当你知道自己的研究确实能取得专利时，这项专利才值得花将近 1000 万美元来研究。如果伊立夏·葛雷知道同时有别人角逐电话专利，而他不能保证所有人的研究费用能获得回报，那么对他来说最优的策略，就是不去尝试研究此项技术。

不过反过来说，如果他连试都不试，格雷厄姆·贝尔一定处于更有利地位。因此，在一开始，格雷厄姆·贝尔就会很希望让伊立夏·葛雷知道自己正在研究电话。

在很多博弈中，每一方都不希望自己的信息被对手打探到。因为如对方知道了你的底牌，他就赢定了。

然而也有一些特例，比如在那些硬碰硬会两败俱伤的博弈中，如果对方打探到你会采取强硬不退缩的策略，那么你就能成为赢家。如果你能表现出这种气概，就应该欢迎对手打探，从而在获得信息的基础上决定自己的策略。相反，如果你成功地拒绝了打探，反而可能会出现两败俱伤的局面。

从心理上让对方认为你胜券在握

美国一家大公司与日本航空公司洽谈一笔业务。从已有的情报来看，这是一宗相当惊人的大买卖，如果能够以较高的报价成交，对公司的业务发展无疑会有极大的帮助。

为了做成这笔业务，公司上上下下都忙碌了起来。公司的负责人对做成这笔业务信心百倍，因为，他们自信地认为，公司的产品在国际市场上是正在热销的紧俏货，而且技术领先、性价比高，同行业中几乎无人可敌。公司负责人胸有成竹，认为只需做好产品的介绍工作，就可以使对方乖乖签字成交了。公司负责人要求各部门密切配合，在产品介绍的细节上做到无懈可击。他们估计，只要在技术、推销的介绍上做到无可挑剔，在产品价格上日本人根本就无法讨价还价，只能"束手就擒"。

在紧锣密鼓的筹备之后，日本航空公司的谈判代表终于来了。在简单的寒暄之后，踌躇满志的美国人以其惯有的干练作风，开始对本公司的产品进行介绍。

为了让日本人充分了解产品的功能，减少谈判中因技术问题引起的障碍，美国人用了成堆的图表、图案和各种报表，从产品设计、技术参数、功能指标、成本、市场销售行情和同类产品的比较等，作了全方位的介绍，唯恐日本人看不清楚，还特别使用了三个幻灯放映机，将各种数据、图案打在屏幕上，图文并茂、有理有据，以此表示他们的开价合情合理，他们的产品品质超群。

这一推销性的介绍过程整整持续了两个半小时。在这两个半小时的过程中，日本航空公司的三位代表一直平静地坐在谈判桌旁，一言不发。

冗长的介绍终于结束了，美国公司的一位经理用充满期待与自负的神情打开了房间里的灯，转身看着三位不为所动的日方代表说："你们认为如何？"

领头的日方代表礼貌地笑笑，回答说："我们不明白。"

那位经理的脸顿时失去了血色："你们不明白？哪个地方不明白？"

另一个日本人也有礼貌地笑笑，回答说："这一切。"

那位经理的心脏几乎停止了跳动，有气无力地问："从什么时候开始？"

第三个日本人也礼貌地笑笑，回答道："从电灯关了的时候开始。"

那位美方经理倚墙而立，气馁地问道："那么……你们希望我们怎么办？"

三个日本人一齐彬彬有礼地回答："你们可以重来一次吗？"

美国经理的热情和劲头受到迎头痛击，再也无法保持刚才那种自负的气势。再以最初的热情和信念，重复一次两个半小时的推销性介绍恐怕是不可能的，结果美国人的士气被挫，要价被压到了最低。

日方代表为何能够在这场谈判中最终胜出？因为他们巧妙地

运用了"挫其锐气，击其懈惰"的谈判策略。在美国人趾高气扬的时候，日方代表故意装出一副一无所知的样子，实际上，在这貌似迟钝的行为背后是日本人特有的精明：打击美方经理的锐气，让美国公司自乱阵脚。结果，干练精明的美方经理就这样败在了日方代表手里。

在谈判桌上必须时时充满自信，有自信才能赢得谈判。要在气势上压倒对方，然后再动之以情，采用一些虚实结合的招式，你就能轻而易举地拿下谈判。

人在职场必须掌握这样三个谈判技巧：

1. 心怀豪气压倒人

谈判席上，精神面貌至关重要。如果能在谦虚的言谈举止间，流露出勇气和胆魄，就会击破对方的心理防线。而谦卑只会被视为无能，对方会高高在上，接下来你将会节节挫败。

张先生是某进出口公司的销售经理，在一次与日本商人的谈判中，张先生慷慨地陈述了公司的产品及销售状况，并强调该产品在美国十分畅销。精明的日本商人被张先生这番话深深触动，一改"试试看"的心理，很快进入十分严肃的、正式的谈判主题。

2. 真心相许感动人

在谈判中，存在着这么一些人，只顾漫天要价，毫不理会对方的感受，妄想一口吃成个胖子，把对方当成"咸水鱼"。这样只会令对方很反感，有气度的对手虽然不流露出来，但却是铁定了心：绝不能与这种人合作。所以，要设身处地为对方想一想，不

第九章　谈判技巧：
寻求己方利益的最大化

　　谈判的参与者应该学会利用各种博弈手段尽可能达成一项协议，尽量缩短谈判的过程，以便减少耗费的成本，从而避免损失，维护自己的最大利益。

谈判中的信息博弈论

谈判，是一门需要长期修炼的人生艺术。当然，它也同样包含策略技巧。一切为达成合作而展开的协商都是谈判。谈判的最终目的，在于促进合作的达成。但是，在谈判中最让谈判者感到伤脑筋的就是信息不对称。

而在商业谈判中，谈判双方之中的一个重要因素，就是看在信息上是否握有主动权。如果说谈判是一种博弈的话，那么，在这场博弈中起重要作用的因素不仅仅有谈判者的口才、素质、实力、地位等，更重要的是所掌握的相关信息资料。

著名谈判策略研究专家理查德·谢尔就提出了"以信息为基础的谈判"。也就是说，是否能选出最合适的对应策略赢得谈判博弈的胜利，还要看掌握信息的多少。对于谈判者来说，掌握的信息不同，会导致谈判中的策略也不同，而最后得到的结果自然也就不同了。

在一次交易会上，我国一外贸部门与一日本客商洽谈出口业务。在第一轮谈判中，客商采取各种招数来摸我方的底，罗列过时的行情，故意压低购货的数量。我方立即中止谈判，搜集相关妨诚心一点，从关心对方的角度出发，以俘虏对方的心。

何经理为一个公司做项目研究，项目出来后，他只是开了个恰当的价，并且诚恳地告诉对方，挣了"大钱"以后再说吧。说不定以后的许多机遇就在等着他。

3. 虚实结合"诱惑"人

谈判有时会进入"马拉松"，迟迟不能达成协议。这时，要了解对方的底细并洞悉对方的弱点，刚柔相济、软硬兼施、步步紧逼，抛出利益相诱。

某文化公司的老总与国外的一家广告公司洽谈合作业务，对方不紧不慢，签合同的日子推了又推。文化公司的老总忍无可忍，透露出另一家广告公司也急于合作，并开始玩"失踪"。国外的广告公司见玩出了火，急忙收场，好说歹说，匆匆签完合同，生怕夜长梦多。

一般情况下，如果你准备充分，并且知己知彼，就一定要争取先提出条件。如果你的对手是谈判高手，而你不是，那么你就要沉住气，不要先提出条件，要从对方的条件中获取信息，及时修正自己的想法；但是，如果你的对手是个"外行"，那么，不管你是"外行"还是"内行"，你都要争取先提出条件，力争牵制、"诱导"对方。自由市场上的老练商贩大都深谙此道。

"讨价还价"的智慧

对谈判博弈的讨论，提醒我们注意一点，如果担心博弈结果在未来会对自己不利的话，应该在博弈中充分利用"讨价还价"的能力，避免自己将来陷入困境。

在谈判中为了维护博弈双方各自的利益，必然会出现"讨价还价"的局面。例如，我们在菜市场买菜就是最简单的谈判博弈，我们来分析一下其中"讨价还价"的作用。大家请看这段熟悉的对话：

"苹果怎么卖？"

"10块一斤。"

"10块钱一斤太贵了，您再便宜点吧，5块吧！"

"抢钱啊。现在的水果都在涨价，您给9块吧。"

"还是太贵了，6块吧。"

"最低8块5，您总不能让我赔钱吧。"

"7块钱，最多了，要不我就走了。"

"8块！成本价给您，当我不赚钱。"

"那行吧，你给来一斤，反正你肯定有赚头。"

价格就像钟摆一样，在双方的"讨价还价"中摆来摆去，最后定格在8块上。或许你会说："为什么不一开始就卖8块，大家都省事。"事实上，"8块"是博弈的最终结果，而之前谁知道最佳成交价是多少呢。或许换个卖家和买家，同样的苹果，最终成交价是7元、9元、10元等。其实，无论最终的成交价是多少，形成成交，就说明这次博弈达到了双方满意的结果。反过来说，如果有一方觉得不满意，就不会形成交易。促成博弈双方达成共识的，就是"讨价还价"的作用。

在商业谈判中，这种"讨价还价"的过程更显得尤为重要，双方为了自己的利益，唇枪舌剑，都在等待最佳"成交价格"的出现。对于大型贸易来说，一次谈判更可能耗时几天甚至是几个月。

值得注意的是，由于博弈的双方所处的位置不同，讨价还价并不一定是公平进行的。在某些时候，还可能碰到这样的局面，就是当你准备向对方"讨价还价"时，却发现对方根本不愿意和你进行谈判，在这种情况下，你的处境决定了你是否有能力和对方博弈。对于这一点，两个经济学家的遭遇恰好提醒了我们：

一天深夜，有两个经济学家打车从机场到酒店。司机认出了他们，热情地说不用打表，会给他们最优惠的价格和正规发票。

两个经济学家敏感地认识到这是一个博弈问题：在不知道价格和不了解这位司机的情况下，什么是最佳的对策呢？经过复杂的思考，两个人得到了一致的答案，只要到了酒店，他们的"还价"地位就非常高，而且深夜了出租车很难叫。

后来，出租车拉着他们到了酒店。司机依然热情，说："只收你们100元，零头去了。"于是两个经济学家试图还价到90，谁知道司机气坏了，把车门反锁，直接拉着他们回到了机场，生气地嚷嚷"90块只能到半路，不信我就算了"，就把他们扔在了原来的地方。

两人瞠目结舌，又等了将近半个小时，才打到一辆车，司机打表，一路到了酒店，出租车的价目表正好停在了90上。

经济学家固然聪明，但是他们找错了博弈的对象。第一个出租车司机不愿意和他们进行讨价还价，又把这两个人拉回了原处。造成了"双输"的局面，这个结果是博弈中的"负和博弈"。

你在博弈中的位置决定了你在讨价还价中是占优还是占劣，由此决定了博弈的结果是否让你的利益达到最大。

仔细想想，为什么很多时候，谈判会进行得非常漫长呢？主要是因为双方都有"讨价还价"的能力，并且没有一方在博弈中占据极为有利的位置，博弈经常陷入僵持。如果其中有一方失去了"讨价还价"的能力，这种僵持局面将会被打破。

对谈判博弈的讨论，提醒我们注意一点，就是如果担心博弈结果在未来会对自己不利的话，应该在博弈过程中充分利用"讨价还价"的能力，避免自己将来陷入困境。

明确分歧，再出相应的策略

不得不承认的是，在谈判博弈中，双方的目标并不是单一性的。也就是说，双方也许在共同目标的基础上，还想获得其他一些利益，例如长久的合作关系和良好的售后服务等。对于共同目标以外的利益主导，谈判在处理这些额外利益的时候，往往会发生不可避免的目标冲突。

糟糕的是，这些冲突对于谈判的成功与否起着关键性的作用。如果不能处理好冲突，谈判就会出现僵局，而遇到冲突的最好办法就是适当地让步。但是，在谈判中该怎样让步，在坚守自己底线的同时，又能争取得到自己的利益？

首先，我们就要明确双方的分歧。

谈判和人的交往之道是一样的。人们在和别人打交道的时候，默默地希望自己能从对方的身上获取什么，例如爱意、信任、承诺或者金钱。人和人之间交往的复杂性，一台超级计算机都无法计算清楚，因为这本身就不是逻辑计算能够解决的事情。谈判也是这样，看上去每个人只关心利益所向，实际上谈判中的感情因素也在起着至关重要的作用。在谈判的时候，最好就要分清楚双方的分歧点，然后做出有条件的让步，而不是让感情等其他因素起主导作用。

一家大型的购物商场在纽约州开业。很多供应商看中了这家购物商场的便利地段，都纷纷希望能够和该商场进行合作。查理是一位谈判专家，他受到一家弱势品牌的雇用，被要求对这家商场进行驻店洽谈。查理在分析了双方的优劣势之后，开始和商场的代表进行谈判。在谈判的时候，该商场明确告诉查理，自家商场已经有不少的供应商期待合作，所以一点都不愿意做出让步。谈判因此也进入了一个僵局，这让查理很是懊恼，特别是商场代表还提出了一个条件，那就是规定要一个月的账期。查理知道假如不小心行事，这场谈判就会以失败告终了。他马上以其他借口，终止了谈判。

查理是想若为自己争取更多的时间，就要对这家商场收集更多的信息。幸好，皇天不负有心人，查理收集到情报，原来这家商场是十分需要查理代表公司的产品，不过目前商场正在和包括查理在内的两家供应商洽谈。另外一个竞争对手的价格比较低，并且能够满足商场一个月的账期条件。查理发现商场非常希望供应商能够提供一套现场制作的设备，但是竞争对手无法马上就提供，而查理代表的公司却可以。

查理抓住这个点之后，马上向商场提出重新谈判的邀请。在谈判的过程中，查理立即开门见山地说，他们公司可以立即为商场提供一套现场制作的设备，并且通合配备专业工作人员到场指手，"不过，您能不能给我们一个合理的贷款账期呢？"

最后的结局是，商场代表也为查理做出了让步。

查理就是在了解到对方的需要之后，为自己的代表公司赢得了一个有利的合同。查理在这个谈判的过程中，先是做出了一个大让步。也许这个让步在查理代表的公司看来，根本没有什么损失，因为为商家提供示范设备，已经在他们的考虑范围内。但是，表面上的让步，却能够为对方解燃眉之急，最终还是给自己带来了利益。

法国一家公司的科研开发机构研制出了一套市面上最先进的

组合炉，英国的冶金公司目前非常需要这套组合炉，来提高自己的冶金效率。冶金公司选派出一位谈判高手，让他来与法商进行谈判。在谈判之前，谈判高手也是例行公事般查找了这家公司往年的谈判资料，还有大量有关冶金方面的信息。有趣的是，他发现法国公司在谈判中一度扮演着一个强硬角色，死守自己的立场不轻易让步。谈判高手知道，这样的角色一般都存在致命的弱点。于是，他花了大量的时间和精力，要摸清国际市场上组合炉的行情以及法国公司的经营状况，甚至连它的创办历史都了解得一清二楚。

开始谈判的时候，法国公司代表不出谈判高手所料，一开口就是一个高出市面差不多两倍的价格。谈判高手不紧不慢地列举了其他国家的成交价格，这可让法国公司大为惊讶，最终以低一半的价格成交。当谈及冶炼自动设备的时候，法国公司报价为300万美元。谈判高手摇摇头，表示不满意这样的价格，然后伸出两只手指，表明愿意以200万美元的价格成交。

这时，法国公司继续扮演着以往一贯的强硬角色，他们带着显然被激怒了的表情说："刚才，我们已经做出了最大让步。但是，贵公司仍然不肯合作！既然我们看不出你们的诚意，那么我们也不必再浪费时间了。"出乎他们意料的是，谈判高手气定神闲地说："很抱歉，我们没有达成一致。"然后，他优雅地做出了一个送客的姿势。

等看到法国公司真的走了之后，冶金公司的人开始抱怨谈判高手，不应该不做出一点让步的，因为他们真的是十分需要那套先进的组合炉。只见谈判高手轻轻笑着说："没关系的，他们会回来的。同样的组合炉设备，他们在去年卖给日本就是 190 万美元。200 万美元的价格，对于他们来说已经算是一个很有吸引力的价格了。"

果不其然，过了两天之后法国公司又要求继续谈判了。这一次，谈判高手一改之前温文的态度，点明法国公司去年与日本的成交价格。这时的法国公司阵脚大乱，想不到谈判高手竟然能如此精明，把他们的底细揭了一个底朝天。他们往日的强硬作风也一扫而去，老实地说那是去年的价格，今年物价上涨了，无法和去年的价格相比较。

谈判高手再亮出一张底牌，说："据国际物价指数的标准，今年只比去年涨了 7%，您说，这样的物价涨幅，你们的组合炉价格又是多少？"已乱阵脚的法国公司自然被问得哑口无言，他们也不得不做出了让步。

谈判高手能够在这场谈判中获得胜利，是由于他在谈判前已经掌握了一些有利的信息，并且充分分析了对手的谈判风格。在了解这些之后，他适当地为对方制造一个难堪困局，让对方大乱阵脚。而法国公司无法在这场谈判中获得一个优势的局面，完全是因为在面对分歧和别人制造出来的困局中，无法迅速做出一个正面且有效的回应，最终只能被别人逼着让步。

有些人很害怕谈判桌上的分歧，对于这种人使用"黑白脸"战术就是最好不过的。对于那些认为分歧就是谈判的产物的人来说，出现分歧总比无法沟通的不欢而散好得多。有分歧，说明双方都有合作的意愿，只是双方还存在着摩擦。如何把分歧变成了解对方的一个过程、而不是把分歧再度升级，才是谈判需要的技巧。

面对分歧，以和为贵不是不好，只是你求的"和"，可能只是你的一厢情愿，也许对方只想尽最大可能占得最大利益份额。如果你以和为贵，希望大事化小小事化了，对方就会抓住你的弱点。这也就是为什么"黑白脸"战术可以在你的身上应用的原因，"黑脸"施压完之后，换上"白脸"的好言相劝，抵挡不住的话就会轻易答应。

另外，有些人在面对分歧的时候，会使用令分歧扩大化的方法，那就是用强硬作风和对方争论，一旦双方僵持住，谈判只能是不了了之。

不管是"以和为贵"还是强硬做派，在博弈中一定要占领对方的心理高地。千万要记住"心急吃不了热豆腐"，做一个识时务者的俊杰，把握好事态的发展，切勿匆匆应付分歧！

博弈中适时的沉默更具说服力

在实际谈判中，有时候需要我们假装沉默，让对方摸不透我们心中所思所想。所谓"言多必失"，真正卓越的谈判者要善于沉默，不管在什么谈判场合，说话都应该有的放矢，不该说的时候一句话也不要说。

口齿伶俐，在谈判场合口若悬河、滔滔不绝，这是很多人所向往的场景，但如果自己在不适当的时机口无遮拦，说了错话，说漏了嘴，这也是难以弥补的过失。

著名作家大仲马说过："不管一个人说得多好，你要记住，当他说得太多的时候，终究会说出蠢话来。"确实，当你说得太多，那些关于自己的一些信息就会源源不断地传递给对方，这样我们很容易就被对方看穿了，对此，我们要学会假意沉默，让对手猜不透我们的心理。

沉默是谈判口才的一种境界，是谈判桌上面对挫折处惊不变的镇定，也是一种无所畏惧的宁静和自信。沉默是可贵的，在谈判中，有时候沉默比所有的语言都更有力量。因为，要想赢得谈判对手的信任，就必须耐得住寂寞，学会在沉默中积蓄能力，在沉默中寻找时机。

新年的时候，柏莎收到了一份特殊的礼物——一只仙人球，是老朋友贝灵送给她的。贝灵说仙人球是一种奇特的植物，既能防电脑辐射，偶尔还能带给人惊喜。

对于仙人球这种普通的植物，柏莎并没有太在意，她将仙人球放在电脑旁，偶尔也观赏一番。不过这个小小的仙人球似乎不争气，柏莎刚开始还对它抱有希望，想着也许有一天能看到仙人球开花呢。可是两年过去了，仙人球还是一点动静都没有，它长得很慢。三年过去了，它仍然只有苹果大小，甚至还出现了未老先衰的征兆。渐渐地，柏莎对这个小小的仙人球彻底失望了。

有一天，柏莎买来一盆色彩鲜艳的植物，替换了"不长进"的仙人球，把它扔在阳台一个不起眼的角落里。转眼间，又是一年，柏莎几乎忘记了仙人球的存在。一个周末，她在阳台休息的时候，无意中看到阳台的角落里有一抹清纯的白色，走近一看居然是仙人球开出了一朵喇叭状的花朵，色泽洁白，形状高雅。她立即找来一个花盆，把仙人球放到自己的书桌上。面对这优雅的花朵，柏莎终于明白了贝灵所说的惊喜。

仙人球沉默了四年，在漫长的时光里，它用沉默表明了自己姿态：沉默，并不代表永远的平凡。那句"不在沉默中爆发，就在沉默中灭亡"是仙人球最好的写照。在谈判桌上做一个懂得沉默的人，无论是何种境遇，都不要轻易放弃努力，只有耐得住沉默，才能享受到生命绽放的喜悦。学会在沉默中积累力量，总有一天，我们会扫去阴霾，用精彩的绽放赢得谈判对手的喝彩。

在谈判中，有时候我们可以用沉默来说服对方，而且这种说服往往比语言更有效。比如，当谈判双方都已经了解了彼此的需求，而买家也已经清楚了报价和价格结构，并且对产品表现出很大的兴趣。最后，买家可能会故意压低价格，比如他会说："其实我们同目前的卖方合作得很愉快，但是我还是想跟你们交个朋友。这样吧，如果你们把价格降到每公斤15元，那么我们就要十吨你们的货。"

这时，我们千万不要被他的说法吓倒，如果他真的和现在的卖方合作愉快，也就没有必要坐下来跟我们谈判了。所以，我们应该平静地回答他说："对不起，我想你们还是出个更合适的价钱吧。"然后就把我们的嘴巴闭起来，保持沉默。

如果对方直接替我们抬价，那当然再好不过。不过，有经验的谈判者会努力让我们打破沉默，他会反问道："那么，我们到底应该出多少才合适呢？"这样他就迫使我们说出具体的数字。

但是，如果我们现在开口就失去了沉默的力量，我们可以继续一言不发地看着对方，同时保持微笑，并点头鼓励对方说出一个他内心的数字。这个时候，买主很可能会对我们做出让步。

这就是我们在中场谈判中经常用到的谈判策略，用沉默的力量来摧毁对方的心理防线。我们在谈判中冷静地开出自己的价格，然后沉默，在强烈的心理压力之下，买主很可能会表示同意。所以，如果我们在没有弄清对方会不会接受我们的建议之前，就开口表态是很愚蠢的，这将会让我们丧失"沉默的力量"。

利用对手的自相矛盾，抢占谈判优势

谈判除了考验谈判双方临场的心理博弈能力外，还考验着谈判双方的细节分析能力和强大的资料收集能力。这里的资料收集可不仅仅是指谈判之前的资料准备工作，还有谈判现场的信息收集，综合所有信息，从中筛选出自相矛盾的地方，并反过来利用其矛盾给予对方"重创"，从而抢占优势，为谈判争取更多的胜算。

意大利曾经有家很出名的广告公司，该公司一年接的广告订单多到数不清，而每当有公司想要让那家广告公司拍片做宣传广告，都要提前一个月预定，才有可能被接受。可想而知，这家广告公司"火"到什么程度。

然而，在这家广告公司处于生意鼎盛之际，却从法院传来一纸传票。原来，这家公司被某家经销商告上法庭，而原因竟然是该经销商认为这家广告公司的某个广告中有对其产品进行诬蔑诋毁的行为。追溯起来，其实原告方这家经销商还是被告方曾经的客户。起诉的原因是，在该广告公司的一段新广告中，居然出现和该经销商的产品外形极相似的产品，并被作为对比产品，凸显出广告对象产品的优势，这就让该经销商无法忍受。而广告公司则辩称，他们用该对比产品时并没有使用该经销商的品牌，也与该经销商的产品没有任何关系，是经销商自己的想法而已。可是，在法庭上，经销商却意外地拿出一份保密协议，里面说明在代理该广告产品后，三年内不允许将能辨认出是该商品的模型进行二次使用，这里就明确表示说，包含这个商品的模型但是不限于外表、形状、标签等。而现在该广告公司的辩词明显与该合同的约定相违背，因而辩词不予采纳，最终判决该广告公司赔偿该经销商所有的费用。

因为这件事情，该广告公司名誉大减，不久之后就因为经营不单而倒闭。

在上面这个案例中，很明显就是广告公司先违反了与经销商之间的约定，擅自使用了与经销商的产品极度类似的模型做广告对比产品，而其在法庭上的辩词也是与自己合同内的约定相背道的，因而在经销商抓住广告公司的这个矛盾辩词后，针对这点和合约的不同进行起诉，从而赢得法院的支持。如果经销商没有抓住广告公司的这个矛盾点，没有能提供出相应的矛盾合同，或者是广告公司在辩词中能有效地避开这个矛盾点，以其他方面进行辩护申诉的话，或许法院的判决结果也会有所不同。

所以，在谈判中，我们不仅要保持清晰的头脑和准确的逻辑思维，防止自己的言语上出现矛盾点，同时，我们还要能够精准地抓住对方的矛盾点，让对方的矛盾点成为我们胜利的筹码。只有两样同时都做到了，我们才能为自己谈判的成功增添筹码和胜券。

比尔顿是外国某著名学校的谈判学导师，从事谈判教学工作已经有七八年的时间。这一次，比尔顿和往常一样接任了某个专业的谈判教学任务。然而，在谈判课的第一天，比尔顿就遇到一个不一样的学生，这个学生名字叫罗琦。

罗琦是个天赋很高的孩子，接连跳级的他以优异的成绩考进比尔顿所在的大学，成为学校的小名人。而自以为天赋过人的他也从不把任何的老师当回事，当然，比尔顿也不例外地被他忽视了。在比尔顿上课的时候，罗琦却趴在一旁睡觉，这让比尔顿很是生气，而生气的同时，他更加为这个孩子的前途担忧，为他的天赋惋惜。于是，比尔顿决定，要好好教育下罗琦，让他明白自己即使有很高的天赋，也不能如此放肆无为。

这一天，比尔顿在上课期间，提出关于谈判的矛盾学说，即要很好地抓住对方谈判中的矛盾点进行反击，就能在谈判中占据主导优势地位，为接下来的谈判赢得更好的机会。正当比尔顿讲到这里时，他发现罗琦依旧在睡觉，所以比尔顿故作镇定地说道："现在我们就请一位同学上来和我进行实战互动，为大家演示如何运用谈判中的矛盾点来反击。"比尔顿扫视了一下全场，然后说道："罗琦同学，请上台来，我们一同演示这个矛盾反击的运用。"正在睡觉的罗琦被吵醒，心情有点不爽，但是一看到这个任务，高傲的他认为这种东西根本就难不倒他，于是他大摇大摆地上台去。

比尔顿简单地介绍了谈判案例的情况：假设比尔顿是一家外贸公司的验收员，而罗琦是负责该外贸公司订单生产的管理员。现在，这家外贸公司的货物出现一点小瑕疵（货物内包装上出现木屑，并有些许划痕），比尔顿作为验收员拒绝收货，要求罗琦在谈判中说服比尔顿收货。罗琦一开始先故作不懂地要求比尔顿解释下为什么不收取这批货物。比尔顿说是因为货物出现质量问题，然后罗琦又询问什么样的质量才算是没问题的，比尔顿说："包装完好，功能完好，就能算是质量没问题的。"这时罗琦就开始抓住比尔顿的这番话了，他说："只要包装完好、功能完好就算是质量没问题的，但是现在的货物明显就是符合这两条规定的，怎么能说是质量有问题而拒绝收货呢？"见到罗琦自以为聪明地抓住自己的矛盾点开始反击，比尔顿笑了笑，说："你的货物里内包装上出现木屑，并且有些许划痕，这难道能算是包装完好吗，我说的是包装完好才收货，没有说仅限于外包装完好啊，内包装同样重要。"比尔顿的一句话，让现场的局势完全逆转，罗琦被打压得有些措手不及，还没能反应过来，比尔顿就跟大家说道："大家看，这个案例就是说明如果没有能很好地运用矛盾点进行反击的话，就会被二次追击。"下面的同学听罢，都拍手称赞。罗琦很是苦恼，第一次被打败让他感觉差劲透了，而比尔顿却对罗琦说："罗琦同学，你的表现很棒，如果你上课能多留心听课的话，你以后将非常出色。"

经过这次的教训后，罗琦上课没再睡觉，而是开始认真地听课。10年后，罗琦不负众望，成功开创了属于自己的公司，并运营良好，而他，一辈子也忘不了比尔顿的那节课。

谈判中，对方出现的自相矛盾处，确实是谈判的转折点，只要能运用妥当，完全有翻盘的可能性。然而，矛盾同样也是相互存在的，如果看到别人的矛盾点，但是不能很好地利用或者驾驭，却强行反击的话，很有可能会产生以卵击石的结果。对一场谈判而言，能否发现并善用对方的矛盾点，是一场谈判胜负的关键之一，如果不能很好地善用这一点的话，或许就会让自己陷于更加不利的局面中。